**Der Weg von DIN EN ISO 9000 ff zu
Total Quality Management (TQM)**

Weitere Titel aus dem
Verlagsprogramm:

Klaus Petrick
Qualitätsmanagement, Umweltmanagement und Zertifizierung in der Europäischen Union
1996. 584 S. A4. Brosch.
152,– DEM / 1110,– ATS/ 137,– CHF
ISBN 3-410-13563-4

Albrecht, Pfitzinger, Vogel
Projekt DIN EN ISO 9000
Vorgehensmodell zur Implementierung eines Qualitätsmanagementsystems
Herausgeber: DIN
2. Aufl. 1995. 120 S. A5. Brosch.
42,– DEM / 307,– ATS / 38,– CHF
ISBN 3-410-13342-9

E. Pfitzinger
DIN EN ISO 9000 für die Software-Entwicklung
Herausgeber: DIN
1995. 100 S. A5. Brosch.
42,– DEM / 307,– ATS / 38,– CHF
ISBN 3-410-13164-7

E. Pfitzinger
DIN EN ISO 9000 für Dienstleistungsunternehmen
Herausgeber: DIN
1995. 106 S. A5. Brosch.
42,– DEM / 307,– ATS / 38,– CHF
ISBN 3-410-13165-5

E. Pfitzinger
DIN EN ISO 9000 im Handwerk
Herausgeber: DIN
1996. 152 S. A5. Brosch.
52,– DEM / 380,– ATS / 47,– CHF
ISBN 3-410-13541-3

E. Pfitzinger
Geschäftsprozeß-Management-Steuerung und Optimierung von Geschäftsprozessen
Herausgeber: DIN
1997. 120 S. A5. Brosch.
42,– DEM / 307,– ATS / 38,– CHF
ISBN 3-410-13950-8

A. Thienel
Professionelles Qualitätsmanagement in Dienstleistungsunternehmen
Herausgeber: DIN
1997. 133 S. A5. Brosch.
68,– DEM / 496,– ATS/ 61,– CHF
ISBN 3-410-13785-8

DIN EN ISO 9000 in Kleinen und Mittleren Unternehmen (KMU)
Herausgeber: DIN
196. ca. 140 S. A5. Brosch.
78,– DEM / 569,– ATS / 70,– CHF
ISBN 3-410-13597-9

Qualitätsmanagement und Statistik
Von Klaus Graebig, DIN Deutsches Institut f Normung e.V.
Loseblattausgabe mit Ergänzungslieferunge
Grundwerk 1995. Etwa 750 Seiten. A4.
Im Ringordner
288,– DEM / 2102,– ATS / 259,– CHF
ISBN 3-410-13291-0

Beuth Verlag GmbH
Burggrafenstraße 6
10787 Berlin
Postanschrift: 10772 Berlir
Telefon (0 30) 26 01-22 60
Telefax (0 30) 26 01-12 60
http://www.din.de/beuth

E. Pfitzinger

Der Weg von DIN EN ISO 9000 ff zu Total Quality Management (TQM)

1. Auflage 1998

Herausgeber:
DIN Deutsches Institut für Normung e. V.

Beuth Verlag GmbH · Berlin · Wien · Zürich

Die Deutsche Bibliothek – CIP-Einheitsaufnahme

Pfitzinger, Elmar:

Der Weg von DIN EN ISO 9000 zu
Total-quality-Management (TQM)
E. Pfitzinger.
Hrsg.: DIN, Deutsches Institut für Normung e.V.
1. Aufl.
Berlin; Wien; Zürich: Beuth, 1998
   ISBN 3-410-14206-1

Titelaufnahme nach RAK entspricht DIN V 1505-1.
ISBN nach DIN ISO 2108.
Übernahme der CIP-Titelaufnahme auf Schrifttumskarten durch Kopieren oder Nachdrucken frei.

104 Seiten, A5, brosch.

© DIN Deutsches Institut für Normung e.V. 1998

Das Werk einschließlich aller seiner Teile ist urheberrechtlich geschützt. Jede Verwertung außerhalb der engen Grenzen des Urheberrechtsgesetzes ist ohne Zustimmung des Verlages unzulässig und strafbar. Das gilt insbesondere für die Vervielfältigungen, Übersetzungen, Mikroverfilmungen und die Einspeicherung und Verarbeitung in elektronischen Systemen.

Umschlaggestaltung: ERGO GmbH, Berlin

Printed in Germany. Druck: Oskar Zach GmbH & Co. KG, Berlin

# Inhaltsverzeichnis	Seite

1	Einleitung	7
2	Definitionen, Einordnung	9
3	TQM – eine Grobbeschreibung	13
4	TQM ohne/anstatt ISO 9000	15
5	Der Startpunkt – DIN EN ISO 9001	17
6	Die Inhalte der sonstigen ISO-9000-Normen unter dem Blickwinkel von TQM	20
7	TQM und Kleinunternehmen	23
8	TQM – generelle Betrachtungen	24
9	TQM – das amerikanische Qualitätsmodell (Malcolm Baldrige)	28
10	TQM – das europäische Qualitätsmodell (EFQM)	31
11	EFQM – die Kriterien	32
12	EFQM – Detailbeschreibung der Kriterien	36
12.1	EFQM-Kriterium 1: Führung	37
12.2	EFQM-Kriterium 2: Politik und Strategie	42
12.3	EFQM-Kriterium 3: Mitarbeiterorientierung	46
12.4	EFQM-Kriterium 4: Ressourcen	53
12.5	EFQM-Kriterium 5: Prozesse	57
12.6	EFQM-Kriterium 6: Kundenzufriedenheit	63
12.7	EFQM-Kriterium 7: Mitarbeiterzufriedenheit	67
12.8	EFQM-Kriterium 8: Gesellschaftliche Verantwortung/Image	71
12.9	EFQM-Kriterium 9: Geschäftsergebnisse	74
12.10	Abschließende Betrachtungen	77
12.11	EFQM und Kleinunternehmen	78
13	Assessment und Bewerbung	81
14	Die Schwierigkeiten und ihre Überwindung	87
15	Projekt TQM – ein pragmatischer Ansatz	90
16	TQM – Potentiale und Risiken	94
17	Qualitätstechniken und ihr Einsatz	95
18	Zusammenfassung und Ausblick	100
19	Glossar	102
20	Literatur	103

1 Einleitung

War vor einigen Jahren die Zertifizierung nach DIN EN ISO 9001, 9002 oder 9003 eines der meistdiskutierten Themen in den Unternehmen, so stellt sich inzwischen die Frage: Was kommt danach? Inzwischen haben mehrere Zigtausend Unternehmen den wichtigen Schritt hin zu Qualitätsmanagement getan und ihr System zertifizieren lassen. Es existieren inzwischen Märkte, auf denen ohne das entsprechende Zertifikat keine Geschäfte mehr zu machen sind. Die Gruppe der zertifizierten Unternehmen läßt sich grob einteilen in zwei Untergruppen:
- Unternehmen mit einem lebenden Qualitätsmanagement-System
- Unternehmen mit halbherzig eingeführtem, bürokratischem Qualitätsmanagement-System

Die relative Größe beider Untergruppen läßt sich nur schwer einschätzen. Die erste hat aus der Umsetzung der DIN-EN-ISO-9000er-Gruppe stark profitiert, eine transparente Ablauf- und Aufbauorganisation geschaffen und ist dabei, sich stetig zu verbessern. Die zweite Untergruppe ist von der Umsetzung der DIN-EN-ISO-9000er-Gruppe enttäuscht und sehr häufig der Ansicht, es handle sich dabei lediglich um eine gigantische Geldmaschine vieler interessierter Gruppen. Es wurde zwar ein QM-System beschrieben, jedoch sieht die Unternehmenswirklichkeit anders aus als beschrieben. Das System wird den Auditoren jährlich zur Erhaltung des häufig marktzugangsregulierenden Zertifikates vorgeführt.

Beide Unternehmensarten suchen aus unterschiedlichen Motiven einen Ersatz für das Thema ISO 9000. Die von der ISO 9000 enttäuschten Unternehmen sind auf der Suche nach einer Art „Ersatzreligion", nachdem erkannt wurde, daß die Norm die Probleme des Unternehmens nicht lösen kann. Die erfolgreich die ISO 9000 umsetzenden Unternehmen sind im Gegensatz dazu auf der Suche nach einem Qualitätsmodell, das die Inhalte der ISO-9000er-Gruppe erweitert. Charakteristisch für die beiden genannten Unternehmensgruppen ist es auch, daß die Enttäuschten sich innerhalb der Normengruppe überwiegend mit den Inhalten der jeweiligen Nachweisstufen (9001, 9002 oder 9003) auseinandergesetzt haben, die anderen Normen, die sehr viel mehr an Hinweisen geben, jedoch ziemlich unbetrachtet ließen. Im Gegensatz dazu sind die Unternehmen, die DIN EN ISO 9000 wirklich „leben", dadurch gekennzeichnet, daß sie sich neben den Inhalten der Nachweisstufen sehr tiefgehend mit denen der sonstigen Normen der 9000er-Reihe beschäftigt haben. Hier sind vor allem die DIN EN ISO 9000-1 und die DIN ISO 9004-5 zu nennen, die auch Inhalt weiterer Betrachtungen dieses Buches sein werden.

Pauschal kann gesagt werden, daß es im Moment „en vogue" ist, sich mit der Thematik „Total Quality Management" auseinanderzusetzen. Es sollte jedoch bereits an dieser Stelle davor gewarnt werden, in TQM das Heilmittel für Probleme zu sehen, die im Unternehmen vorhanden sind und die sich mit DIN EN

ISO 9000 nicht lösen ließen. Diese Probleme haben meist ihren Ursprung im Verhaltensbereich, der sich im wesentlichen in einer bestimmten Firmen- und Führungskultur äußert. TQM erfordert ebenso wie ISO 9000 die Identifikation der Geschäftsführung. Ist diese nicht gegeben oder nur äußerlich vorhanden, werden Bemühungen in Richtung TQM ebenso scheitern wie der halbherzige Aufbau eines normkonformen QM-Systems.

Das vorliegende Buch stellt den Versuch dar, die Problematiken, Inhalte und Anforderungen, die mit TQM auf ein Unternehmen zukommen, in strukturierter Form zusammenzutragen und zu beleuchten. Dabei soll auch eine Einordnung gegeben werden, die die im Moment diskutierten vielfältigen Methoden und Programme in einen logischen Zusammenhang bringt. Startpunkt für die Betrachtungen dieses Buches sind die Inhalte der Normengruppe DIN EN ISO 9000. Zielrichtung ist es, interessierten Unternehmen die Gesamtthematik vorzustellen. Wichtig ist der Hinweis auf die Tatsache, daß es ein „Kochbuch" für die Annäherung an TQM nicht gibt und geben kann. Sie muß immer unternehmensindividuell gestaltet werden.

2 Definitionen, Einordnung

Der erste Bundespräsident der Bundesrepublik Deutschland, Theodor Heuss, definierte Qualität folgendermaßen: „Qualität ist das Anständige". Diese Aussage impliziert zwei Dinge:

- Qualität hat etwas mit Verhalten zu tun,
- es ist das Bestreben des Menschen, qualitativ hochwertige Dinge zu liefern, gute Qualität zu liefern.

Hier wird der Unterschied zwischen den Ansätzen der Normengruppe DIN EN ISO 9000 ff und der TQM-Philosophie, denn um eine solche handelt es sich, sehr deutlich. Während die DIN EN ISO 9000 ff dafür sorgen will, daß im Unternehmen systematisch gearbeitet wird, geht TQM über diesen systemischen Ansatz weit hinaus und bezieht den Verhaltensbereich mit ein.

Die Norm DIN ISO 8402 definiert Qualität als „die Gesamtheit von Merkmalen einer Einheit bezüglich ihrer Eignung, festgelegte und vorausgesetzte Erfordernisse zu erfüllen". Qualität wird also aus der Sicht des Kunden definiert, denn er ist es, der die Anforderungen an Produkte und Dienstleistungen festlegt und voraussetzt. Deshalb muß eine Facette der Qualitätsarbeit immer sein, die Bedürfnisse der Kunden zu ermitteln und dabei die vorausgesetzten einzubeziehen. Vorausgesetzte Kundenwünsche sind dabei diejenigen, die gar nicht explizit genannt werden. Als Beispiel könnte man anführen, daß beim Kauf eines Automobils vorausgesetzt wird, daß es einen Motor und 4 Räder hat – ein Beispiel, das profan ist. Es gibt jedoch andere Kaufszenarien, in denen die vorausgesetzten Kundenwünsche nicht immer umgesetzt sind. Man denke an den Kauf eines Personalcomputers, wo davon ausgegangen wird, daß die standardmäßig benutzte Software auf einem PC lauffähig ist. Eine Voraussetzung, die nicht immer eingehalten wird.

DIN ISO 8402 definiert TQM als „auf der Mitwirkung aller ihrer Mitglieder beruhende Führungsmethode einer Organisation, die Qualität in den Mittelpunkt stellt und durch Zufriedenstellung der Kunden auf langfristigen Geschäftserfolg sowie auf Nutzen für die Mitglieder der Organisation und auf die Gesellschaft zielt". Beim Lesen der beiden Definitionen wird sehr deutlich, daß TQM wesentlich weitergeht als die Qualitätssicherung und die folgenden Dinge einschließt:

- Es ist eine **Führungsmethode**.
- Es umfaßt alle Mitglieder eines Unternehmens, bezieht also alle Mitarbeiter ein.
- Es stellt Qualität in den Mittelpunkt der unternehmerischen Aktivität.
- Es ist auf langfristigen Geschäftserfolg angelegt.
- Es soll den Führungskräften und Mitarbeitern einerseits, der Gesellschaft andererseits dienen.

Nun werden neben DIN EN ISO 9000 und TQM einige andere Dinge diskutiert und in der Diskussion teilweise vermischt. Gelegentlich drängt sich der Eindruck auf, daß von vielen verschiedenen Interessengruppen beinahe täglich eine neue Methodik oder Philosophie „erfunden" wird, die den Unternehmen dienen soll. Das folgende Bild gibt die allgemeine Verwirrung wieder, die nach der Lektüre diverser Veröffentlichungen auftreten kann. Gleichzeitig soll versucht werden, die einzelnen Themen miteinander in einen logischen Zusammenhang zu bringen.

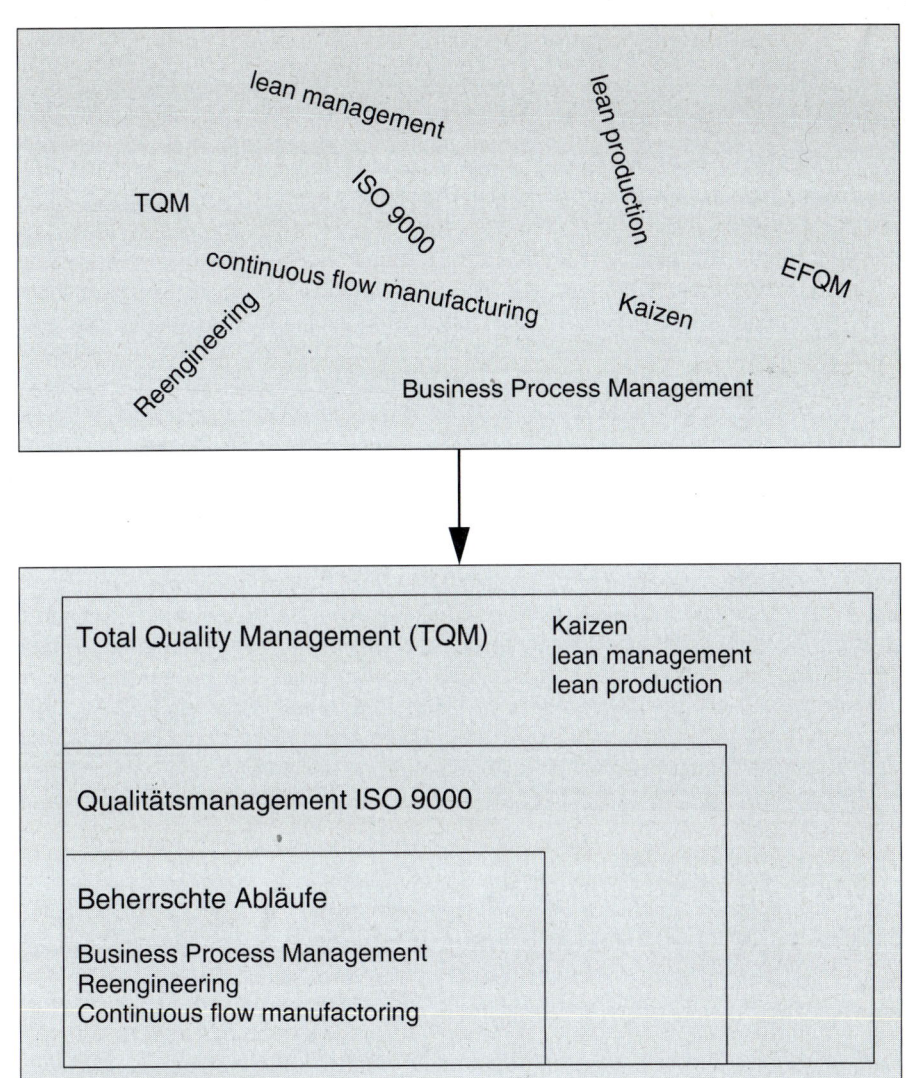

Die obige Abbildung soll verdeutlichen, daß die Basis aller Qualitätsbemühungen in einem Unternehmen in der Ermittlung der tatsächlichen Prozeßstruktur liegt. Erst wenn die Prozesse transparent sind und das Unternehmen anhand der Prozesse gesteuert wird, sollte man sich Gedanken über das weitere Vorgehen machen. Wird im Unternehmen nun noch ein System hinzugefügt, das die Aufbauorganisation eindeutig festlegt, das über einen Ablauf verfügt, der sicherstellt, daß Fehler nicht nur bereinigt sondern auch vermieden werden, und das den Zustand des Systems in regelmäßigen Abständen ermittelt, so ist – vereinfacht ausgedrückt – der Zustand des Qualitätsmanagements erreicht. Ein Unternehmen in dieser Phase verfügt über eine systemische Basis, auf der weiter aufgebaut werden kann in Richtung TQM.

TQM ist – das wurde bereits ausgesagt – eine Führungsmethodik und möchte erreichen, daß alle im Unternehmen vorhandenen Ressourcen möglichst optimal genutzt werden. Im Mittelpunkt hierbei stehen die Wünsche der Kunden des Unternehmens. Bei der Betrachtung der betrieblichen Ressourcen ist es völlig unstrittig, daß deren wichtigste die im Unternehmen vorhandenen Menschen und ihre Fähigkeiten sind. Optimale Ressourcenausnutzung bedeutet deshalb Behandlung der Mitarbeiter in einer Art, die Leistung ermöglicht. Es handelt sich bei TQM also um eine Methodik, die stark in den Verhaltensbereich hineinspielt, der bei allen Menschen durch über Jahre und Jahrzehnte erworbene Verhaltensmuster geprägt ist. Deshalb kann TQM niemals ein kurzfristiges Unternehmensprogramm sein. Die Formel

$$\text{Leistung} = \text{Motivation} \times (\text{Fähigkeiten} + \text{Fertigkeiten})$$

stellt den Versuch dar, die Zusammenhänge in mathematischer Form darzustellen. Auf einen Punkt gebracht verdeutlicht sie, daß – gleichgültig wie gut ausgebildet (Fähigkeiten) und wie erfahren (Fertigkeiten) Mitarbeiter sind – Leistung nur dort erbracht wird, wo eine entsprechende Motivation vorhanden ist. In der Umkehrung zeigt die Formel aber auch, daß es auch bei hoher Motivation schwierig ist, nicht ausgebildetes und nicht erfahrenes Personal einzusetzen. Wenn nun wieder in den Kategorien Qualitätsmanagement und TQM gedacht wird, so ist die Aussage zulässig, daß

- QM sich um die entsprechende Ausbildung und Erfahrung des Personals kümmert (vergleiche hierzu die Forderungen des Normelementes 4.18 „Schulung" der DIN EN ISO 9001),
- TQM neben betriebswirtschaftlichen Betrachtungen zusätzlich die Motivation des Personals im Blickwinkel hat.

Das Führungsverhalten in einem Unternehmen wird geprägt von der Firmenkultur. Deshalb ist es eindeutig, daß in einem Unternehmen, für das Fehlertoleranz und Achtung vor den Menschen Fremdworte sind, ein Stadium nicht erreicht werden kann, das durch die Grundsätze des TQM gekennzeichnet ist. Deshalb gilt auch die Aussage, daß TQM – wie eigentlich alle „Qualitätsprogramme" – im wesentlichen von der Einstellung der Unternehmensführung abhängt. Darauf wird im weiteren noch eingegangen.

3 TQM – eine Grobbeschreibung

TQM ist, vereinfacht dargestellt, im wesentlichen, so haben wir bereits gesehen, geprägt von
- Kundenorientierung,
- optimaler Ressourcenausnutzung.

Selbstverständlich ist die Wahrung der Wirtschaftlichkeit ein Eckpunkt, der immer Gültigkeit hat.

Etwas umfassender dargestellt, bedeutet TQM eine Entwicklung, die die Auswirkungen der Industrialisierung und arbeitsteiligen Organisation der Unternehmen und der hierarchischen Führung aufhebt. Diese haben dazu geführt, daß Mitarbeiter sich mit ihren Unternehmen nicht mehr identifizieren und sich nicht mehr ohne Vorbehalte einbringen (innere Kündigung). Weiter sind viele Unternehmen davon geprägt, daß Entscheidungen auf dem Wege durch die Instanzen zu lange Zeit brauchen, daß Risikoentscheidungen gar nicht getroffen werden, daß Mitarbeiter zur Konformität erzogen wurden, ... Man könnte diese Aufzählung beliebig fortsetzen, auf einen Nenner gebracht kann man sagen, daß in vielen Unternehmen

- keine ausreichende Fehlertoleranz existiert,
- Verantwortung nicht ausreichend wahrgenommen wird,
- die Motivation der Menschen nicht ermöglicht wird.

Hier liegen die Ansatzpunkte des TQM. TQM möchte erreichen, daß in den Unternehmen in strukturierter Weise die selbst gesetzten Ziele angegangen werden. Dies soll in einer menschlichen Atmosphäre geschehen, die Motivation ermöglicht und es belohnt, wenn Mitarbeiter sich einbringen (auch kritisch). Man kann TQM einteilen in zwei Teilbereiche, einen unternehmerisch-strategischen und einen verhaltensorientierten.

Der unternehmerisch-strategische Aspekt umfaßt die Forderung nach einer strategischen Planung der Unternehmensziele, nach einer transparenten Unternehmenstätigkeit in Geschäftsprozessen, nach einem – auch und gerade internem – Kunden-Lieferanten-Verständnis.

Der verhaltensorientierte Aspekt ist geprägt von der Forderung nach einem Führungsstil, der die Mitarbeiter einbezieht, der sie fördert, der aber auch klare Ziele vereinbart und die Zielerreichung überprüft. Man könnte sagen, Führung muß sich vom Prinzip der Kontrolle verabschieden und sich hinentwickeln zum Vertrauen. TQM legt weiter großen Wert darauf, daß Führung Vorleben bedeutet. Es darf nicht weiter bei Worten bleiben, die Führungskräfte müssen Vorbilder sein. Damit die Einbeziehung der Mitarbeiter möglich wird, sind zwei Dinge unabdingbar, die miteinander zusammenhängen, Fehlertoleranz und Freiheit von Angst. Dabei meint Fehlertoleranz keineswegs das immer wiederkehrende Akzeptieren der immer gleichen Fehler. Gemeint ist das einmalige Akzeptieren von Fehlern, um gemeinsam daraus zu lernen und diese Fehler zukünftig zu vermeiden. Angstfreiheit ist eine sehr wichtige Voraussetzung für TQM. Es steht außer Zweifel, daß man mit Angst trefflich motivieren kann. Dies jedoch nur bis zu einem Punkt, an dem das abschreckende Szenario für den Betroffenen seine Schrecklichkeit verliert. Ist dieser Punkt erreicht, ist die Leistung nahe dem Nullpunkt. Anhaltende Motivation und Engagement sind nur zu erreichen in einer angstfreien Umgebung. Gerade in diesem Zusammenhang wird in der gegenwärtigen Situation des Arbeitsplatzabbaus und den damit verbundenen Ängsten der potentiell Betroffenen Kontraproduktives geleistet. Deshalb ist gerade in diesem Zusammenhang die Führung der Unternehmen gefordert.

Beide genannten Aspekte – so wird sehr schnell klar – bedingen, daß in einem solchen Unternehmen eine entsprechende Kultur herrscht. Eine solche Unternehmenskultur kann jedoch nicht von oben verordnet werden, sondern muß von der Führung auch in Ausnahmesituationen vorgelebt werden. Sie muß über die Zeit im Unternehmen wachsen. Auch dies ein eindeutiger Grund für die notwendige Langfristigkeit aller Dinge, die mit TQM zusammenhängen.

4 TQM ohne/anstatt ISO 9000

Häufig wird in mehr oder weniger fachmännischen Publikationen ein Glaubenskrieg ausgetragen. Auf der einen Seite stehen die Verfechter des Qualitätsmanagements, die die Normengruppe DIN EN ISO 9000 ff als Allheilmittel gegen alle Fährnisse der Unternehmensführung betrachten. Auf der anderen stehen die Jünger des TQM-Ansatzes, der in Europa meist anhand der Methodik des European Quality Award (EQA) diskutiert wird. In diesem Glaubenskrieg wird manchmal in äußerst polemischer Weise diskutiert. Da wirft die TQM-Gemeinde der DIN EN ISO 9000 ff vor, man könne auch die Produktion von Betonschwimmwesten zertifizieren lassen. Da wird ausgesagt, TQM sei eine Philosophie, die bei derzeitigen wirtschaftlichen Rahmenbedingungen eine abgehobene, unrealistische Ideologie darstelle. Beides Aussagen, die einer seriösen Prüfung in keiner Weise standhalten.

Beschäftigt man sich aufrichtig mit der Thematik, so sollte eigentlich sehr schnell klar werden, daß beide Gesichtspunkte die gleiche Zielrichtung verfolgen, nämlich die Verbesserung des jeweiligen Unternehmens und seiner Produkte/ Dienstleistungen. Deshalb sollte ein solcher Glaubenskrieg bei seriöser Vorgehensweise gar nicht stattfinden.

Selbstverständlich sollte man die Frage diskutieren, ob es sinnvoll ist, TQM ohne DIN EN ISO 9000 ff zu betreiben. Hat ein Unternehmen eine solche Entscheidung getroffen, so sind einige Gesichtspunkte zu betrachten. Zunächst kann dieses Unternehmen vom Markt her keinen Druck zu einer Zertifizierung nach einer der Nachweisstufen der DIN EN ISO 9000 ff verspüren. Dieser Marktdruck kann durchaus positive Kräfte im Unternehmen freisetzen. Er kann aber auch dazu führen, daß die wesentlichen Inhalte der Normen nicht wahrgenommen werden, daß lediglich ein Papiersystem aufgebaut wird, das zur Zertifizierung gebracht wird, also lediglich ein Papier an der Wand angestrebt wird. Kann ein Unternehmen also auch langfristig davon ausgehen, daß in seinem Markt auch langfristig nicht die Forderung nach der Zertifizierung bestehen wird, so steht es mit der Entscheidung zu TQM vor einem langen Weg, der Jahre dauern wird. Es hat noch keine ablauf- und aufbauorganisatorischen Voraussetzungen für die Qualitätsarbeit geschaffen, es existiert weder ein Qualitätsbeauftragter (in der Sprache der Norm: Verantwortlicher der obersten Leitung), es existieren in den Bereichen keine Menschen, die für das Thema Qualitätsmanagement umfassend ausgebildet und verantwortlich gemacht sind. Weiter gibt es kein Projektvorgehen, das eingeschlagen werden kann. Dies alles vor dem Hintergrund einer sehr langen Implementierungszeit. Es scheint völlig klar, daß ein solches Vorgehen mit großen Gefahren behaftet ist. Weil bei TQM mit kurz- und mittelfristigen Erfolgen nicht oder nur sehr beschränkt zu rechnen ist, erfordert es von einem solchen Unternehmen sehr viel Disziplin, über Jahre hinweg auf dem TQM-Weg zu bleiben, und die Gefahr ist groß, daß TQM aufgrund des alltäglichen Arbeitsdruckes aller Beteiligten irgendwann „auf der Strecke bleibt". Diese Gefahr wird durch den Start mit ISO 9000 gemindert. Die Norm erfordert die Implementierung einer QM-Organisation und bestimmter Abläufe, sie bewirkt, daß sich Unternehmen erstmalig umfassend mit der Thematik auseinandersetzen. Die Orientierung an DIN EN ISO 9000 ff hat zwei weitere Vorteile: Zunächst ist die Umsetzungsdauer gegenüber der bei TQM einigermaßen überschaubar. Die Erfahrung hat gezeigt, daß der Aufbau eines zertifizierungsfähigen QM-Systems in durchschnittlich 18 Monaten zu schaffen ist, eine Periode, die wirklich noch einigermaßen überschaubar ist. Der zweite Vorteil liegt in der externen Auditierung des QM-Systems. Gab es in der Vergangenheit in vielen Unternehmen immer wieder Qualitätsprogramme, so hatten diese sehr häufig eines gemeinsam: Sie schwappten wie Wellen über die Unternehmen, die Betroffenen erhoben sich, als die Welle kam, um sich danach sofort wieder zu setzen – es wurde nichts oder nur wenig erreicht. Durch die externe Facette der Zertifizierung hat sich nun – um beim gewählten Bild zu bleiben – erstmalig der Wasserspiegel dauerhaft erhöht, es hat sich dauerhaft etwas verändert.

Als Fazit kann gesagt werden, daß es sehr wohl möglich ist, in einem Unternehmen TQM ohne den Startpunkt ISO 9000 zu implementieren. Dies erfordert jedoch sehr viel Durchhaltevermögen, insbesondere von der Unternehmensleitung, die – wie bei allen Bemühungen in Richtung Verbesserung – als der „Kritische Erfolgsfaktor" anzusehen ist.

Stellt man nun die Alternative „TQM anstatt ISO 9000" zur Diskussion, so werden die bereits erwähnten Polemiker sofort mit Vehemenz ihren Glaubenskrieg aufnehmen. Seriöse Diskutanten werden einen Gegensatz zwischen beiden „Methoden" eigentlich nicht erkennen können, denn beides dient der Verbesserung der Unternehmen und ihrer Produkte/Dienstleistungen. Deshalb kann eine seriöse Diskussion eigentlich nur die Frage „TQM ohne ISO 9000?" aufwerfen, und diese ist bereits beantwortet.

5 Der Startpunkt – DIN EN ISO 9001

Die Normengruppe DIN EN ISO 9000 ff besteht – vereinfacht ausgedrückt – aus Leitfäden und Nachweisstufen. Die Leitfäden geben Hinweise zur Unternehmensführung, während die Nachweisstufen die Basis einer möglichen Zertifizierung sind. Es steht in den Normen eindeutig geschrieben, daß die Nachweisstufen lediglich Mindestanforderungen an QM-Systeme definieren, daß also die individuellen Systeme über die Forderungen der Nachweisstufen hinausgehen können und sollten. Unter den Nachweisstufen ist die DIN EN ISO 9001 die umfassendste. Deshalb soll sie Basis der Betrachtungen dieses Kapitels sein. Wichtig ist der nochmalige Hinweis, daß es jedem Unternehmen unbenommen bleibt, über die in der DIN EN ISO 9001 festgelegten Anforderungen hinauszugehen. Dies ist durchaus im Sinne der DIN EN ISO 9000 ff.

Betrachtet man die Forderungen der DIN EN ISO 9001, so kann man drei wesentliche Themenblöcke feststellen:

- Sie definiert, daß es Menschen im Unternehmen geben muß, die sich des Themas Qualität annehmen.
- Sie legt fest, welche Verfahren im Unternehmen festgelegt und implementiert sein müssen.
- Sie bestimmt, wie die Wirksamkeit des QM-Systems überprüft werden muß.

Diese drei Themenblöcke sollen nun unter dem Gesichtspunkt der Weiterentwicklung des QM-Systems von der Zertifizierung hin zu TQM beleuchtet werden.

QM-Organisation

Die DIN EN ISO 9001 fordert die Existenz eines „Verantwortlichen der obersten Leitung". Seine Verantwortungen und Befugnisse müssen schriftlich geregelt sein. Selbstverständlich wird er in größeren Unternehmen das Thema QM nicht alleine bearbeiten können. Das heißt, es wird im Unternehmen im Zuge des Aufbaus des QM-Systems eine geeignet geartete QM-Organisation implementiert werden müssen. Die Existenz dieser QM-Organisation ist der Garant dafür, daß QM nicht mit dem Tag der Zertifizierung aufhört, sondern zum festen Bestandteil der Unternehmensorganisation wird. Damit ist die QM-Organisation diejenige, die auch den weiteren Weg hin zu TQM in Form eines Projektes und mit der absoluten Unterstützung der Geschäftsführung betreiben wird. Die Existenz einer QM-Organisation ist also ein Garant für die Kontinuität des Themas im Unternehmen, und die entsprechenden Forderungen der DIN EN ISO 9001 sind der Auslöser für die Implementierung im Unternehmen.

Verfahren

Die Norm fordert an einigen Stellen die Existenz von schriftlich festgelegten Verfahren. Weiter muß sichergestellt sein, daß diese Verfahren im Unternehmen tatsächlich umgesetzt sind. Als Beispiel sei lediglich die Forderung des Normelementes 4.3 nach der Existenz und Umsetzung eines Verfahrens zur Prüfung von Verträgen und Angeboten vor der Vereinbarung mit dem Kunden genannt. Selbstverständlich sind die Forderungen der DIN EN ISO 9001 hinsichtlich der Existenz von festgelegten Verfahren in Summe nicht so geartet, daß sämtliche Aspekte der Unternehmensführung abgedeckt wären. Es sind lediglich die Brennpunkte im Verhältnis zwischen eigenem Unternehmen und Kunden/Lieferanten genannt, die geregelt werden müssen. Trotzdem sorgt auch hier die Norm für die Beschäftigung des Unternehmens mit der Frage der Festlegung von Abläufen, eine Aktivität, die ohne diese Forderungen sicherlich nicht unbedingt geschehen würde. Des weiteren werden im Zuge des Systemaufbaus üblicherweise Standards für die Festlegung und Dokumentation der Unternehmensabläufe geschaffen. Auch hier kann das für die Zertifizierung geschaffene Ablaufsystem im Zuge des weiteren Ausbaus hin zu TQM schrittweise erweitert werden. Zusätzlich muß nochmals darauf hingewiesen werden, daß es sich bei den Forderungen der DIN EN ISO 9001 um Mindestanforderungen handelt. Es ist jedem Unternehmen unbenommen, sinnvoll und im Interesse der Norm, diese Mindestanforderungen bereits beim Systemaufbau durch die Dinge zu erweitern, die aufgrund der eigenen Unternehmenswirklichkeit zusätzlich geregelt werden sollten.

Wirksamkeitsprüfung

Die DIN EN ISO 9001 fordert unabhängig von der externen Zertifizierung im wesentlichen an zwei Stellen die Prüfung der Wirksamkeit des QM-Systems, nämlich durch die Durchführung

- interner Qualitätsaudits (Normelement 4.17),
- einer QM-Bewertung durch die oberste Leitung.

Dabei ist festgelegt, welche Aspekte in die QM-Bewertung einfließen müssen. Auch in diesem dritten Bereich schafft der Aufbau eines zertifizierungsfähigen QM-Systems eine Basis für die Weiterentwicklung zu TQM. Selbstverständlich kann schrittweise erweitert werden. Auch kann neben der Normkonformität der TQM-Status eines Unternehmens von entsprechend ausgebildeten Auditoren (bei TQM heißen diese Assessoren) im Zuge interner Qualitätsaudits ermittelt werden. Ob es sinnvoll ist, interne Qualitätsaudits mit diesen zusätzlichen Themen anzureichern, soll an anderer Stelle in diesem Buch untersucht werden.

Nachdem eindeutig klar ist, daß sich die Forderungen der Nachweisstufe DIN EN ISO 9001 als Startpunkt auch für TQM eignen, sollte jedoch nicht verschwiegen werden, daß bei diesem Vorgehen auch Gefahren lauern. So müssen zwei Dinge beinahe um jeden Preis vermieden werden:

- Die Schaffung einer zweiten TQM-Dokumentation neben der bestehenden QM-Dokumentation (QM-Handbuch mit weiterführenden Verfahrensfestlegungen)

- Die Schaffung einer zusätzlichen Wirksamkeitsprüfung neben der bestehenden internen Auditierung und QM-Bewertung

Beide Gefahren können durch geplantes und schrittweises Vorgehen vermieden werden. Mehr darüber steht in Kapitel 14 dieses Buches.

6 Die Inhalte der sonstigen ISO-9000-Normen unter dem Blickwinkel von TQM

Nachdem im vorhergehenden Kapitel die Forderungen der Nachweisstufe DIN EN ISO 9001 hinsichtlich der Weiterentwicklung zu TQM beleuchtet wurden, sollen in diesem Kapitel die anderen Normen der 9000er-Reihe daraufhin untersucht werden, welche der Aspekte des TQM sie abdecken. Hier ist zunächst die Norm DIN EN ISO 9000-1 „Leitfaden zur Auswahl und Anwendung" zu nennen. Hier werden viele Aussagen zum Management eines Unternehmens anhand seiner Prozesse getroffen. Dies ist auch bei TQM ein wichtiger Aspekt. Beispielhaft seien die folgenden Stellen der genannten Norm zitiert bzw. kommentiert:

Generell erweitert Kapitel 4 der DIN EN ISO 9000-1 den Betrachtungsbereich gegenüber der Nachweisstufe DIN EN ISO 9001. Hier findet sich die Festlegung, daß ein Unternehmen alle seine Interessenspartner berücksichtigen sollte, also nicht nur Kunden und Lieferanten (wie in 9001), sondern auch Mitarbeiter, Eigentümer und die Gesellschaft. Im Sinne von TQM stellt dies eine wesentliche Erweiterung dar.

Sodann werden in Kapitel 4.6 Aussagen zur Konzeption von Prozessen gemacht. Hier wird festgestellt, daß ein Unternehmen in Form von Ketten organisiert ist, die alle dem Schema Eingabe – Verarbeitung – Ausgabe folgen. Weiter finden sich Ausführungen über die Messung der Prozeßleistung.

Auch die Abschnitte 4.7 (Das Netzwerk von Prozessen in einer Organisation) und 4.8 (Qualitätsmanagement-System in bezug auf das Netzwerk von Prozessen) machen interessante Aussagen. Hier steht unter anderem geschrieben:

Eine Organisation muß ihr Netzwerk von Prozessen und Schnittstellen feststellen, organisieren und handhaben. Die Organisation schafft, verbessert und liefert durch das Netzwerk von Prozessen gleichbleibende Qualität ihrer Angebotsprodukte. Dies ist eine fundamentale Konzeptbasis für die DIN-ISO-9000-Familie. Prozesse und ihre Schnittstellen sollten einer Analyse und ständigen Verbesserung unterzogen werden.

An anderer Stelle:

Um Schnittstellen, Verantwortlichkeiten und Befugnisse zu klären, sollte ein Prozeß einen „Eigner" als die verantwortliche Person haben. Die Qualität der zur obersten Leitung gehörigen Prozesse wie etwa strategische Planung ist besonders bedeutungsvoll.

Und:

Um effektiv zu sein, benötigt ein QM-System Koordinierung und Verträglichkeit seiner einzelnen Prozesse sowie die Festlegung ihrer Schnittstellen.

Obige Zitate machen es ganz deutlich, daß die Beherrschung der betrieblichen Prozesse (und nicht nur der Produktionsprozesse) eine wichtige Voraussetzung eines funktionierenden Qualitätsmanagement-Systems ist. Darüber hinaus werden einige der Dinge angesprochen, die innerhalb TQM unter dem Aspekt des Geschäftsprozeßmanagements zu finden sind:

- Transparenz hinsichtlich der Prozeßstruktur des Unternehmens (= Netzwerk der Prozesse)
- Prozeßeignerschaft
- Regelung der betrieblichen Schnittstellen
- Einbeziehung der obersten Leitung (= Geschäftsführung) in die Prozeßarbeit
- Regelung der Verantwortlichkeiten und Befugnisse

Auch die Norm DIN EN ISO 9004-1 „Qualitätsmanagement und Elemente eines Qualitätsmanagementsystems, Leitfaden" enthält wichtige Feststellungen, die hinsichtlich TQM wesentlich über die Mindestanforderungen der Nachweisstufe DIN EN ISO 9001 hinausgehen.

Hier wird bereits in Kapitel 0.3 „Erfüllung von Erfordernissen und Erwartungen des Kunden und der Organisation" die Rolle des Kunden für die Unternehmensführung verdeutlicht. Auch betriebswirtschaftliche Aspekte werden integriert (Kapitel 0.4) und festgelegt, daß ein QM-System alle Phasen innerhalb des Lebenszyklus der Produkte und Dienstleistungen abdecken muß. Noch stärker werden die finanziellen Aspekte der Unternehmensführung durch die Ausführungen des Kapitels 6 der diskutierten Norm (Finanzielle Überlegungen zu Qualitätsmanagementsystemen) in den Vordergrund gerückt, wo unter anderem die Ermittlung von Qualitätskosten und von Prozeßkosten angesprochen werden. All dies sind Themen, die gemeinhin nicht mit DIN EN ISO 9000 ff, sondern mit TQM in Verbindung gebracht werden.

Kapitel 7 der genannten Norm hat „Qualität im Marketing" zum Thema. Hier werden unter anderem Festlegungen hinsichtlich der Kundenzufriedenheit getroffen. Auch der Qualifikation des Personals wird in der DIN EN ISO 9004-1 wesentlich mehr Raum gegeben, als dies in den Nachweisstufen der Fall ist (Kapitel 18). Dabei wird auch die notwendige Qualifikation der Geschäftsführung thematisiert. Weiter werden Überlegungen zur Motivation des Personals angestellt. Auch dies alles Themen des TQM.

Als letzte der „weiterführenden" Normen der 9000er-Reihe sei die 9004-4 erwähnt. Sie trägt in der englischen Originalversion den Titel „Guideline for quality improvement". Hier steht unter dem Kapitel 4.1 (Principles of quality improvement):

The quality of an organization's products, services and other outputs is determined by the satisfaction of the customers who use them and results from the effectiveness and efficiency of the processes that create and support them.

Quality improvement is achieved by improving processes. Every activity or item of work in an organization comprises one or more processes.

Quality improvement is a continuous activity, aiming for ever higher process effectiveness and efficiency.

Unter Kapitel 5 (Managing for quality improvement) steht zu lesen:
Although the application of ... techniques ... will give some incremental improvement, their full potential can only be realized if they are applied and coordinated within a structured framework. This requires organizing, planning, measuring for quality improvement, and reviewing all quality-improvement activities.

Die beiden Zitate aus der Norm zeigen wiederum einige Dinge recht deutlich:
- Die Qualität der Produkte und Dienstleistungen eines Unternehmens wird durch die Zufriedenheit der Abnehmer bestimmt (Kundenzufriedenheit).
- Die Qualität der Produkte und Dienstleistungen ist ein Ergebnis der Unternehmensprozesse.
- Qualitätsverbesserung ist eine Folge der Verbesserung der Prozesse des Unternehmens.
- Prozeßverbesserung in wesentlichem Umfang kann nicht durch Einzelmaßnahmen wie der Anwendung von Arbeitsmethoden erreicht werden, sondern lediglich durch strukturiertes Vorgehen.

All dies sind Punkte, die bei TQM unter der Kategorie „Prozesse" gefaßt sind.

Als Fazit dieser Betrachtung der Relation zwischen der Normengruppe DIN EN ISO 9000 ff und der „Führungsmethode TQM" kann gezogen werden, daß sehr viele, wenn nicht die meisten Aspekte des TQM eigentlich in den Normen der 9000er-Reihe angesprochen sind, daß diese jedoch in der Diskussion im Moment meist auf die Mindestanforderungen für die Zertifizierung reduziert wird. Ein berechtigter Kritikpunkt ist, daß die jeweils unterschiedliche Kapiteleinteilung der einzelnen 9000er-Normen ein zusammenhängendes Lesen und umfassendes Interpretieren wesentlich erschwert, wenn nicht gar unmöglich macht. Auch ist selbst beim Studium einzelner der genannten Normen an manchen Stellen ein roter Faden durch die einzelnen Kapitel nicht erkennbar. Möglicherweise liegt in dieser ungeeigneten Art der Darstellung der Hauptgrund für die eigentlich unzulässige Reduzierung der 9000er-Normen auf die Inhalte der Zertifizierung.

7 TQM und Kleinunternehmen

Sehr häufig wird an der Normengruppe DIN EN ISO 9000 kritisiert, sie benachteilige Kleinunternehmen, weil sie die Existenz schriftlich festgelegter Verfahren fordere. Diese sicherlich – wenn überhaupt – nur teilweise berechtigte Kritik kann auch hinsichtlich TQM geäußert werden. Sicherlich ist diese Problematik der Grund dafür, daß im amerikanischen TQM-Modell eine separate Sparte auf Kleinunternehmen zielt. Auch das europäische Qualitätsmodell nach EFQM trägt diesem Problem Rechnung, indem es eine vereinfachte Art der Bewerbung und damit einen Ansatz vorsieht, der die Unternehmensgröße berücksichtigt.

Zyniker behaupten, TQM sei lediglich der Versuch, in den Unternehmen wieder zu einer Zusammenarbeit zu kommen, wie sie vor einigen Jahrzehnten üblich war, einer Zusammenarbeit, die geprägt ist von der Orientierung an den Wünschen der Kunden und von einem „vernünftigen" Umgang miteinander. Dieses Argument ist nicht ganz von der Hand zu weisen, doch wird häufig verkannt, daß die Unternehmen heute wesentlich größer und demzufolge stärker arbeitsteilig organisiert sind, als das früher der Fall war. Weiter haben sich Einstellung und Motivationslage der Menschen in den genannten Jahrzehnten zusätzlich wesentlich verändert. Die Diskussion dieses Punktes nimmt sehr schnell Dimensionen an, die über die Fragen der Unternehmensführung stark hinausgehen. Festzuhalten bleibt, daß in kleineren Unternehmen sicherlich einige der Aspekte der TQM-Philosophie wesentlich einfacher umzusetzen sind, als dies in großen der Fall ist. Grund dafür ist die Tatsache, daß es in kleinen Unternehmen naturgemäß nur eine sehr kleine Distanz zwischen Management und operativer Ebene gibt. So können alle Aspekte, die sich auf die Punkte Führung, Mitarbeitereinbeziehung etc. beziehen, wesentlich leichter umgesetzt werden.

Andererseits stellt sich die Frage, inwieweit die Anforderungen der TQM-Modelle, beispielsweise hinsichtlich des Prozeßmanagements, auf kleine Unternehmen zutreffen. Es macht für ein kleines Unternehmen von 5 Mitarbeitern wenig Sinn, unter diesem Gesichtspunkt ähnliche Festlegungen zu treffen, wie sie bei einigen Großunternehmen zutreffen. Andererseits ist das Argument, dieser Aspekt treffe auf ein Kleinunternehmen eben nicht zu, sicherlich ebenso falsch.

An der Diskussion wird deutlich, daß die Umsetzung der TQM-Philosophie sich sehr stark an der Unternehmensgröße orientieren muß. Hier ist eine pragmatische Herangehensweise gefragt, und es existieren keine „Kochbücher" für die Umsetzung des TQM-Gedankens. Die Berücksichtigung der Erfordernisse von Kleinunternehmen bei der Umsetzung des TQM-Gedankens wird, bezogen auf das EFQM-Modell, in Kapitel 12.11 im vorliegenden Buch beschrieben.

8   TQM – generelle Betrachtungen

Es stellt sich die Frage, was ein Unternehmen dazu motivieren könnte, sich für eine Führungsmethode zu entscheiden, die gerade in unserer Zeit der kurzfristigen Betrachtungsweisen, der Dominanz des Shareholder Value über alle anderen Aspekte der Unternehmensführung bestenfalls mittelfristig Erfolge bringen wird. Im wesentlichen sind es zwei Gründe, die zu einer solchen Entscheidung führen können. Zum ersten kann in einem Unternehmen der Leidensdruck so stark sein, daß man keine andere Möglichkeit der Verbesserung mehr sieht. Dies würde bedeuten, daß es einem Unternehmen zunächst sehr schlecht gehen muß, um die Bereitschaft zu einer so tiefgreifenden Veränderung, wie es TQM bedeutet, zu erreichen. Ein solcher Ausgangspunkt mag in einzelnen Fällen durchaus zutreffend sein, doch sollte man sich einiger Dinge bewußt sein, die mit TQM zusammenhängen.

Zunächst bedeutet TQM eine Investition, eine Investition in die Zukunft zwar, aber doch eine Investition, und zwar eine, die – wie bereits erwähnt – bestenfalls mittelfristig Erfolge bringen wird. Deshalb kann natürlich eine solche Investition ein Unternehmen, „dem das Wasser schon bis zum Halse steht", vollends zum Kippen bringen. Diese Gefahr dürfte in großen Unternehmen größer sein, da hier die Umsetzungsdauer für TQM länger ist als in kleineren. Deshalb sollte man sich tiefgehende Gedanken darüber machen, ob TQM für einen Sanierungsfall die richtige Methode ist. In den meisten Fällen ist davon auszugehen, daß dies eher nicht der Fall ist.

Sodann sind wesentlich Aspekte des TQM mit dem Verhaltensbereich der Führungskräfte und Mitarbeiter des Unternehmens verknüpft. Zunächst dauern Veränderungen im Verhaltensbereich jedoch sehr lange, und es ist zu bezweifeln, daß wirkliche Verhaltensänderungen aus Leidensdruck überhaupt stattfinden können. Es kann davon ausgegangen werden, daß die alten Verhaltensmuster sofort wieder auftreten, sobald der Leidensdruck schwindet, es dem Unternehmen also graduell wieder besser geht. Dies kann dann zu einem Rückfall hinter den einstigen Startpunkt führen.

Der wesentlich bessere Motivator für TQM liegt zum zweiten in einer vorausschauenden und tiefgehend überzeugten „obersten Leitung". Wenn die Geschäftsführung eines Unternehmens erkannt hat, daß die Ideen und Inhalte des TQM für die Zukunftssicherung des Unternehmens von überragender Bedeutung sind, und wenn sie gleichzeitig bereit ist, die eigenen Verhaltensweisen zu hinterfragen bzw. hinterfragen zu lassen, sind die Voraussetzungen für eine erfolgreiche Umsetzung sehr gut. Denn – wie bereits beim Aufbau eines QM-Systems nach ISO 9000 – der entscheidende Erfolgsfaktor für die Umsetzung der TQM-Philosophie ist in der Rolle der Führung zu sehen. Jedes neue System oder Projekt im Unternehmen kann nur leben, wenn es von der Führung vorgelebt wird. Dabei genügt es nicht, lediglich Lippenbekenntnisse abzulegen.

Man sollte seine Belegschaft nicht unterschätzen. Hier wird scharf beobachtet, und wenn die Überzeugung für TQM nicht echt ist, so wird dies offenbar, und dann ist eine erfolgreiche Umsetzung nicht möglich.

In manchen Diskussionen wird argumentiert, TQM sei zwar eine wunderschöne Vision für die Unternehmensführung, jedoch sei es in einer Zeit der schlechten wirtschaftlichen Rahmenbedingungen schlicht eine Illusion, sie umsetzen zu wollen. Wird so argumentiert, so wird die derzeitige beinahe ausschließlich kurzfristige Betrachtung aller Aspekte der Unternehmensführung deutlich erkennbar. Selbstverständlich kann TQM – wie bereits ausgeführt – unter kurzfristiger Betrachtungsweise wirklich ohne Probleme zur Illusion stilisiert werden. Ob eine solche Betrachtungsweise dem Thema jedoch gerecht wird, kann wohl nur bezweifelt werden. Vielmehr ist auch in diesem Zusammenhang eine weitsichtige Unternehmensführung gefragt und unabdingbare Voraussetzung. Erinnert sei in diesem Zusammenhang daran, daß wohl kein Mensch auf die Idee käme, die Investition in langfristige Produktforschung und -entwicklung unter kurzfristige Renditeerwartungen zu stellen.

In anderen Diskussionen wird die Aussage getroffen, TQM sei ein Programm zur Korrektur von Fehlern, die in der Vergangenheit gemacht wurden, zur Wiedererreichung von Einstellungen, die in der Aufbauphase nach dem zweiten Weltkrieg gang und gäbe waren. Diese Argumente sind nicht ganz von der Hand zu weisen. Zunächst kann behauptet werden, mit TQM soll versucht werden, den bestehenden Taylorismus in den Unternehmen zu beseitigen. Dies geschieht durch Verlagerung von Verantwortung vor Ort, durch Abflachen der Hierarchien, durch „Job Enrichment" und „Job Enlargement". All dies kann mit TQM zusammenhängen und ist sicherlich als sinnvoll zu betrachten. Es ist weiter richtig, daß durch die Ideen des TQM versucht werden soll, die Motivation der Mitarbeiter möglich werden zu lassen und ihre Identifikation mit dem Unternehmen zu verstärken. Auch die mit TQM einhergehende Verbesserung der Kommunikation im Unternehmen (sowohl horizontal als auch vertikal) geht in diese Richtung.

Es wurde bereits mehrfach ausgesagt, daß viele Aspekte des TQM in den Verhaltensbereich sowohl der Führungskräfte als auch der Mitarbeiter im Unternehmen hineinspielen. Die zu verändernden Verhaltensweisen sind jedoch das Ergebnis einer oft jahrzehntelangen Prägung der Menschen durch hierarchische Strukturen in einer Atmosphäre der Versagensangst, der fehlenden Fehlertoleranz, ... Es wäre unrealistisch zu erwarten, daß solche erworbenen Verhaltensweisen kurzfristig verändert und oft in ihr Gegenteil verkehrt werden könnten. Deshalb wäre es ebenso unrealistisch, wirkliche Verbesserungen durch TQM kurzfristig zu erwarten. Die notwendige Langfristigkeit und das dabei notwendige Glauben an die Richtigkeit des eingeschlagenen Weges stellen einen der Gründe für ein mögliches Scheitern des TQM-Ansatzes im Unternehmen dar. Auch hier ist eine entsprechend „visionäre" Unternehmensleitung gefordert.

Aus den bisherigen Ausführungen wurde schon sehr deutlich, daß zwischen TQM und der Unternehmenskultur sehr enge Wechselbeziehungen bestehen.

TQM erfordert eine Kultur der Fehlertoleranz, der Achtung der Menschen und ihrer Meinung. Es kann und darf nicht länger sein, daß die Mitarbeiter ihre wirklichen Fähigkeiten ausschließlich in ihrer Zeit außerhalb des Unternehmens einsetzen, innerlich gekündigt haben, ihr Gehirn an der Stempeluhr abgeben, um es abends dort wieder abzuholen. Vielmehr soll mit TQM dafür gesorgt werden, daß die Fähigkeiten der Menschen nicht nur erkannt, sondern auch in beiderseitigem Interesse genutzt werden. Dazu bedarf es eines gegenüber heute veränderten Führungsstiles, der Motivation ermöglicht und die Menschen ermutigt, sich und ihre Gedanken einzubringen. Dazu braucht es aber auch ein Führen durch Setzen von Zielen, deren Erreichung in sinnvoller Art und Weise gemessen wird. Wenn alle diese nur kurz angesprochenen Aspekte umgesetzt werden, kann TQM ein Wachsen des Unternehmens zur lernenden Organisation ermöglichen.

Wenn über TQM gesprochen wird, werden sehr schnell einzelne Modelle diskutiert, die alle dazu dienen, den erreichten Umsetzungsgrad hinsichtlich der TQM-Philosophie zu ermitteln. Dabei ist es wichtig festzustellen, daß es das Erreichen des Status „TQM-Unternehmen" eigentlich gar nicht gibt, ja gar nicht geben kann. Immanent bei TQM ist das kontinuierliche Streben nach Verbesserung. Diesem Streben ist jedoch niemals ein Ende gesetzt, vielmehr gibt es immer weitere Verbesserungsmöglichkeiten. Deshalb gilt für die Umsetzung des TQM-Gedankens das chinesische Sprichwort: Der Weg ist das Ziel. Und deshalb ist die Aussage „wir sind ein TQM-Unternehmen" bestenfalls als zweifelhaft, wenn nicht als falsch zu bezeichnen.

In den Wirtschaftsblöcken Europa und Nordamerika existiert jeweils ein Modell, das TQM zum Inhalt hat. In den USA war es das Verdienst des damaligen US-Handelsministers Malcolm Baldrige, bereits Ende der 80er Jahre eine Methodik entwickeln zu lassen, die den Umsetzungsgrad des TQM meßbar machen soll. Der aufgrund dieser Methodik verliehene Malcolm Baldrige National Quality Award (MBNQA) wird seither einmal jährlich vom US-Präsidenten in einer öffentlichen Veranstaltung an die ausgezeichneten Unternehmen vergeben. Es wird jeweils ein Fertigungs-, ein Dienstleistungs- und ein mittelständisches Unternehmen ausgezeichnet. Die Inhalte des MBNQA sind inzwischen Teil des US-Handelsgesetzes. Es können sich ausschließlich US-Unternehmen um den Preis bewerben. Falls die Bewerber nichtamerikanische Standorte haben, wird davon ausgegangen, daß in diesen die Regelungen der US-Muttergesellschaft gleich vorhanden sind und angewendet werden. De facto werden diese also nicht mitbetrachtet.

In Europa fanden sich 1988 vierzehn führende Unternehmen zusammen, um ebenfalls die Ideen des TQM zu unterstützen. Es wurde die European Foundation for Quality Management (EFQM) gegründet, die seit 1992 ebenfalls einen Qualitätspreis an Unternehmen vergibt, den European Quality Award (EQA). Neben diesem Tätigkeitsfeld unterstützt EFQM das Thema TQM auch auf anderen Gebieten, unter anderem durch die Vergabe von Preisen für herausragende wissenschaftliche Forschungen auf dem Gebiet des TQM. Inzwischen sind mehr als 550 Unternehmen Mitglied im EFQM.

Seit 1997 hat EFQM eine Entsprechung in Deutschland. Hier wird erstmalig ein deutscher Qualitätspreis vergeben, der Ludwig-Erhard-Preis. Die ihm zugrundeliegende Methode ist jedoch mit ganz kleinen Unterschieden der EFQM-Methode deckungsgleich.

Den genannten TQM-Modellen nahezu gleich sind die Inhalte, die im weiteren anhand des EQA tiefgehend behandelt werden sollen. Auch ist die Art der Bewertung nahezu deckungsgleich. Vorgesehen ist ein Selbstbewertungsprozeß in den Unternehmen, bei dem vor dem Hintergrund festgelegter inhaltlicher Kategorien auf einer 1000er-Skala der Umsetzungsgrad ermittelt wird. Möchte sich ein Unternehmen um den Preis bewerben, so muß es eine Bewerbungsbroschüre erstellen, in der die Umsetzung der einzelnen Kategorien beschrieben ist. Diese Bewerbungsbroschüre wird von einer Jury bewertet, d. h., der Punktwert auf der 1000er-Skala wird ermittelt. Befindet sich ein Unternehmen aufgrund dieser Bewertung im Rennen um den Preis, so wird von qualifizierten Assessoren eine sogenannte Site Visit durchgeführt, bei der die Erstbewertung verifiziert und ggf. angeglichen wird. In Kapitel 12 dieses Buches finden sich weitere Aussagen zu Self Assessment und Bewerbung.

9 TQM – das amerikanische Qualitätsmodell (Malcolm Baldrige)

Mitte der 80er Jahre wurde bei US-amerikanischen Regierungsstellen im Auftrag des damaligen Handelsministers Malcolm Baldrige eine Methodik zur Einschätzung des TQM-Status von Unternehmen entwickelt. Diese Methodik fand Eingang in das US Handelsrecht und ist inzwischen seit mehreren Jahren Basis für die Vergabe des Malcolm Baldrige National Quality Award. Der Preis besteht nicht im Gewinn einer Geldsumme, sondern wird unter großem Medienecho vom amerikanischen Präsidenten vergeben und verpflichtet die Preisträger, in öffentlichen Veranstaltungen ihr Managementsystem offenzulegen. Es existiert jeweils ein Preis für kleinere, für Dienstleistungs- und für Fertigungsunternehmen.

Das Malcolm Baldrige National Quality Award-(MBNQA-)Modell unterscheidet die folgenden sogenannten Kategorien und bewertete diese im Jahr 1996 auf einer Skala mit maximal 1000 Punkten so:

- Leadership   90 Punkte
- Strategic Planning   55 Punkte
- Customer Focus and Satisfaction   250 Punkte
- Information and Analysis   75 Punkte
- Human Resource Deployment and Management   140 Punkte
- Process Management   140 Punkte
- Business Results   250 Punkte

Diese einzelnen Kategorien stehen selbstverständlich untereinander im Zusammenhang. Dieser kann wie folgt aufgezeichnet werden:

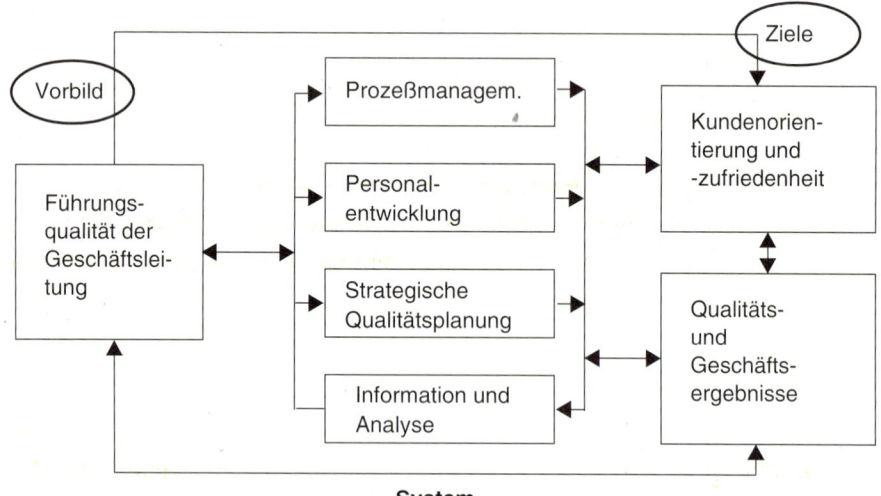

Obige Darstellung zeigt, daß die Basis erfolgreicher unternehmerischer Tätigkeit die Führung darstellt. Die Führung trägt die Verantwortung für das gesamte Unternehmensgeschehen und löst die erfolgreiche Umsetzung der in der Mitte angeordneten Aktivitäten aus. Die Qualität der Führung ist der ausschlaggebende Faktor für den Erfolg eines Unternehmens. Werden die als mittlerer Block angeordneten Aktivitäten erfolgreich betrieben, so werden sie zu entsprechenden Ergebnissen führen. Diese sind im rechten Block angeordnet. Die Malcolm-Baldrige-Methodik nennt hier die Kundenorientierung und -zufriedenheit sowie die Geschäfts- und Qualitätsergebnisse. Festzuhalten bleibt, daß bei allen TQM-Methodiken die Führung der „trigger" für eine erfolgreiche Unternehmensführung ist. Dies ist übrigens auch bereits Bestandteil der Normengruppe DIN EN ISO 9000 ff.

Wie bereits erwähnt, nennt man die 7 Aspekte, die in der Malcolm Baldrige Methodik angesprochen werden, Kategorien. Diese Kategorien werden weiter unterteilt in Themengebiete und diese in „areas to address", Bereiche, zu denen in einer Bewerbung um den Award Aussagen gemacht werden müssen.

Beispielhaft sei hier, basierend auf den Ausschreibungskriterien des Jahres 1996, die sich von Jahr zu Jahr leicht verändern, lediglich die Struktur der Kategorie Leadership (= Führung) aufgezeigt. Sie wird weiter unterteilt in die folgenden Unterpunkte:

1.1   Senior Executive Leadership
1.2   Leadership System and Organization
1.3   Public Responsibility and Corporate Citizenship

Wiederum nur beispielhaft sei die weitere Unterteilung des Punktes 1.1 angegeben. Dieser wird weiter unterteilt in die folgenden „areas to address":

a. How senior executives provide effective leadership and direction in building and improving company competitiveness, performance, and capabilities. Describe how senior executives:

(1) create and maintain an effective leadership system based upon clear values and high expectations;

(2) create future opportunity for the company and its stakeholders, set directions, and integrate performance excellence goals; and

(3) review overall company performance, capabilities, and organization.

b. How senior executives evaluate and improve the company's leadership system, including their own leadership skills.

Je nach Themengebiet werden aufgrund der Bewerbung bewertet:

- Approach
- Deployment
- Results

Unter Approach ist zu bewerten, inwieweit es im Unternehmen eine strukturierte Methode gibt, die zur Umsetzung der jeweiligen „area to address" dient. Deployment stellt die Frage, inwieweit diese Methode tatsächlich umgesetzt wird. Hinsichtlich der Results ist auszuweisen, zu welchen Ergebnissen die Umsetzung der Methode in den letzten Jahren geführt hat. Hier sind auch Vergleiche mit anderen Unternehmen anzugeben (Benchmarking).

Die Bewerberauswahl geschieht folgendermaßen: Das Unternehmen verfaßt ein Bewerbungsdokument, in dem anhand des Regelwerkes das eigene Managementsystem beschrieben und bewertet wird (Selbstbewertung). Dieses wird von der Jury geprüft. Sollte das Unternehmen zur Spitzengruppe der Bewerber gehören, so findet eine sogenannte „Site Visit" statt. Hier besuchen Assessoren (man könnte auch sagen Auditoren) das Unternehmen und überprüfen vor Ort die Angaben der Bewerbungsbroschüre. Gegebenenfalls werden Korrekturen an der Bewertung vorgenommen.

Betrachtet man die Aufteilung der insgesamt möglichen 1000 Punkte auf die einzelnen Kategorien des Malcolm Baldrige National Quality Award, so scheint es zunächst, als würde der Schwerpunkt dieses Qualitätsmodells auf den Business Results liegen, da diese mit insgesamt maximal 250 Punkten zu Buche schlagen. Studiert man jedoch die Inhalte dieser Kategorie, so stellt man fest, daß hier nicht nur die finanziellen Geschäftsergebnisse gemeint sind, sondern ebenso Kunden- und Mitarbeiterzufriedenheitsdaten. Berücksichtigt man dies, so wird deutlich, daß die Schwerpunkte der MBNQA-Methodik neben den Geschäftsergebnissen auf den Aspekten der Mitarbeiterorientierung und -zufriedenheit sowie der Kundenorientierung und -zufriedenheit liegen. Damit entspricht MBNQA den Hauptgesichtspunkten der TQM-Philosophie.

10 TQM – das europäische Qualitätsmodell (EFQM)

Dem amerikanischen Vorbild folgend wurde 1988 von 14 führenden europäischen Unternehmen die European Foundation for Quality Management (EFQM) gegründet. Sie vergibt unter anderem seit 1992 den European Quality Award (EQA). Zielrichtung war die Verstärkung des Qualitätsgedankens in europäischen Unternehmen. Inzwischen sind über 550 Unternehmen Mitglied der EFQM. Zu Beginn waren deutsche Unternehmen in der EFQM deutlich unterrepräsentiert. Inzwischen hat sich das Engagement deutscher Unternehmen verstärkt, doch ist Deutschland als wichtigste Wirtschaftsnation Europas immer noch nicht entsprechend vertreten. Man könnte aus dieser Tatsache ablesen, daß Deutschland beim Thema TQM gegenüber den europäischen Partnerländern Nachholbedarf hat.

Die Vergabe des EQA basiert auf einem Qualitätsmodell, das dem amerikanischen sehr ähnlich ist. Inhaltlich sind beide Modelle mit ganz kleinen Ausnahmen deckungsgleich, lediglich die Strukturierung ist unterschiedlich. Bestand MBNQA aus 7 sogenannten Kategorien, so unterscheidet EFQM 9 Kriterien. Die europäische Aufteilung trennt sehr sauber zwischen sogenannten Enablers, Kriterien, die also eine erfolgreiche Unternehmensführung ermöglichen, und den sogenannten Results, die Kriterien, an denen der Erfolg des Unternehmens gemessen wird. Hier liegen beim amerikanischen Qualitätsmodell kleine Vermischungen vor.

11   EFQM – die Kriterien

Die Kriterien des EFQM-Modells stehen wie beim amerikanischen Modell zueinander in Beziehung. Dies ist in der folgenden Abbildung aufgezeichnet:

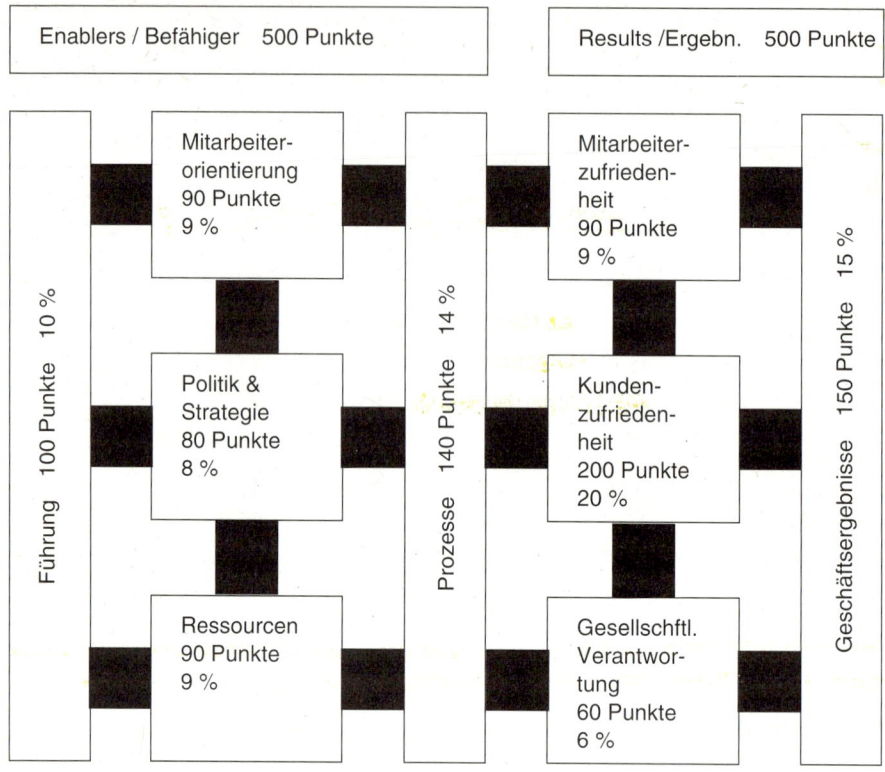

Auch an dieser Darstellung wird deutlich, daß die einzelnen Kriterien nicht isoliert zu betrachten sind, sondern ein systematisches Ganzes darstellen. Auch hier ist der ausschlaggebende Aspekt in der Qualität der Führung zu sehen, die die weiteren Enabler-Kriterien erfolgreich zum Wirken bringt. Alle Enablers ermöglichen dann entsprechende Ergebnisse, die unter den Result-Kriterien ausgewiesen werden.

Wie das amerikanische Qualitätsmodell sieht auch das europäische die Quantifizierung der Qualität der Unternehmensführung auf einer Skala von maximal 1000 Punkten vor. Hier wird jedoch nicht vom TQM-Status gesprochen, vielmehr geht es um den Erreichungsgrad hinsichtlich **Business Excellence**, es geht also umfassend um die Qualität der Unternehmensführung.

Die Punkteverteilung unter den Kriterien ist folgendermaßen festgelegt:

- Führung   100 Punkte
- Politik und Strategie   80 Punkte
- Mitarbeiterorientierung   90 Punkte
- Ressourcen   90 Punkte
- Prozesse   140 Punkte
- Kundenzufriedenheit   200 Punkte
- Mitarbeiterzufriedenheit   90 Punkte
- Gesellschaftliche Verantwortung/Image   60 Punkte
- Geschäftsergebnisse   150 Punkte

Es wurde bereits ausgesagt, daß das europäische Modell gegenüber dem amerikanischen sauberer zwischen Befähigern und Ergebnissen unterscheidet. Deutlich wird dies, wenn man den Aspekt der Mitarbeiterführung betrachtet. Malcolm Baldrige deckt die beiden Betrachtungsweisen

- Mitarbeitereinbeziehung (Befähiger) und
- Mitarbeiterzufriedenheit (Ergebnis)

unter der Kategorie „Personalentwicklung" ab. EFQM trennt beide Gesichtspunkte sauber, indem es die beiden Kriterien „Mitarbeiterorientierung" und „Mitarbeiterzufriedenheit" vorsieht. Die Vermischung der beiden Gesichtspunkte bei Malcolm Baldrige ist der Grund für eine der Schwierigkeiten, die beim amerikanischen Modell auftreten: Die Bewertung ist von Unterpunkt zu Unterpunkt unterschiedlich. Je nachdem, ob ein Unterpunkt gleichzeitig Ergebnisse liefert, sind tatsächlich erreichte Größen anzugeben (results), wie es eben bei der Mitarbeiterzufriedenheit der Fall ist, oder aber es handelt sich um einen Unterpunkt, der eher als Befähiger zu sehen ist, dann werden „lediglich" Approach und Deployment bewertet, also strukturierte Umsetzung und Durchdringungsgrad. Diese Inkonsistenz ist beim europäischen Modell weniger häufig vorhanden, hier wird nach Möglichkeit bereits auf der Ebene der Kriterien sauber zwischen Befähigern und Ergebnissen unterschieden, während dies beim amerikanischen Modell eben erst auf der Ebene der Unterpunkte der Fall ist.

Diese genaue Unterscheidung ist jedoch auch beim europäischen Modell nicht komplett eingehalten. Man kann mit Fug und Recht die Frage stellen, warum es hinsichtlich der Mitarbeitereinbeziehung einen Befähiger (Mitarbeiterorientierung) und ein Ergebniskriterium (Mitarbeiterzufriedenheit) gibt, nicht jedoch hinsichtlich der Kundenorientierung, wo es lediglich das Ergebniskriterium „Kundenzufriedenheit" gibt, und dies bei einem in TQM so zentralen Punkt wie der Kundenorientierung. Wichtig ist die Feststellung, daß die Aspekte eines möglichen Befähigers „Kundenorientierung" im europäischen Modell umfassend vorhanden sind, sie sind Bestandteil der anderen Befähigerkriterien.

Festzuhalten bleibt also, daß das europäische Modell gegenüber dem amerikanischen strikter zwischen Befähigern und Ergebnissen unterscheidet, daß es aber auch hier noch Unschärfen gibt. Wichtig ist weiter die Erkenntnis, daß die Inhalte beider Modelle nahezu deckungsgleich sind.

Die Kriterien des EFQM sind ebenso wie die Kategorien des MBNQA weiter unterteilt. Es existieren im ganzen 32 Unterpunkte, die hinsichtlich der Bewertung einer Organisation jeweils einzeln angesprochen werden müssen. Dabei werden Kriterien und Unterpunkte, die zu den Befähigern zählen, hinsichtlich der Aspekte

- Vorgehen und
- Umsetzung

bewertet. Dabei ist unter Vorgehen die Frage zu verstehen, inwieweit es in der Organisation für die Thematik des Unterpunktes ein strukturiertes Vorgehen gibt, oder ob die Thematik eher dem Engagement einzelner entspricht, also eher zufallsgetrieben ist. Umsetzung stellt dagegen die Frage, ob das strukturierte Vorgehen innerhalb der Organisation an allen relevanten Stellen durchgeführt wird, oder ob es nur an einzelnen Stellen eingesetzt wird.

Die Kriterien und Unterpunkte, die zu den Ergebnissen gehören, werden bewertet hinsichtlich

- Qualität der Ergebnisse und
- Umfang der Ergebnisse.

„Qualität der Ergebnisse" prüft dabei die tatsächlich erreichten Ergebnisse im Verlauf der Zeit, hinsichtlich des Vergleichs zu anderen Unternehmen (Benchmarking). Betrachtungszeitraum sind dabei immer im Minimum 2 Jahre, was ein deutliches Zeichen für die Langfristigkeit des TQM ist. „Umfang der Ergebnisse" stellt die Frage, inwieweit die ausgewiesenen Ergebnisse tatsächlich eine Aussage hinsichtlich des Inhaltes der Ergebniskriterien liefern.

Beispielhaft seien hier das Ausweisen einer Fluktuationsziffer und ihre Entwicklung über 3 Jahre sowie der Vergleich zu Fluktuationsziffern anderer Unternehmen betrachtet. Angenommen, die tatsächlich ausgewiesenen Fluktuationsziffern weisen tatsächlich sowohl über die Zeit betrachtet als auch gegenüber anderen Unternehmen positive Zahlen aus, dann ist dies ein positives Ergebnis (Qualität des Ergebnisses), das zum Kriterium 7 „Mitarbeiterzufriedenheit" und hier zum Unterpunkt 7 b (interne Meßgrößen) gehört. Hinsichtlich der Relevanz des Ergebnisses bezogen auf die Inhalte des Kriteriums/Unterpunktes (= Umfang des Ergebnisses) ist jedoch die Frage zu stellen, ob die Fluktuationsziffer (gerade in einer Zeit, die geprägt ist von Ängsten vor Arbeitsplatzverlust) eine wirkliche Aussage hinsichtlich der Mitarbeiterzufriedenheit macht.

Weitere Aussagen hinsichtlich der Bewertung eines Unternehmens anhand des EFQM-Modells finden sich unter Kapitel 13 „Assessment und Bewerbung".

Nicht verschwiegen werden soll, daß es neben EFQM, MBNQA und dem Deming Price weitere Qualitätspreise gibt. In einigen europäischen Partnerländern gibt es nationale Auszeichnungen, in Deutschland wird seit 1997 der Ludwig-Erhard-Preis (LEP) vergeben. Das zugrunde gelegte Qualitätsmodell ist deckungsgleich mit EFQM. Darüber hinaus gibt es in einigen Bundesländern zusätzliche Qualitätspreise, die sich inhaltlich zum Teil gravierend unterscheiden. Bayern vergibt beispielsweise einen Landespreis, bei dem es eine spezielle Auszeichnungsmöglichkeit für Handwerksbetriebe gibt.

Betrachtet man die Verteilung der Punkte unter die einzelnen Kriterien, so werden die Schwerpunkte der TQM-Philosophie auch hier sehr deutlich. Es sind dies die Zufriedenheit der Kunden, die Einbeziehung und Zufriedenheit der Mitarbeiter sowie die Geschäftsergebnisse. Auch die Art des Umganges mit den Geschäftsprozessen wird als Schwerpunkt unter den Befähigern deutlich.

12 EFQM – Detailbeschreibung der Kriterien

Bevor die 9 Kriterien des EFQM-Modells besprochen werden, einige Hinweise zum Aufbau des vorliegenden Kapitels. Es wird jeweils die folgende Einteilung gewählt werden:

Allgemeine Beschreibung des Kriteriums
Basis in der Normengruppe DIN EN ISO 9000 ff
Zuordnung zu Normelementen der DIN EN ISO 9001
Unterpunkte des Kriteriums
EFQM-Anforderungen je Unterpunkt
Umsetzungshinweise je Unterpunkt

Dieser Aufbau wurde gewählt, weil es viele Unternehmen gibt, die sich bisher an der Normengruppe DIN EN ISO 9000 ff orientierten und nun einen Weg für die Weiterentwicklung suchen. Dabei ist es sehr wichtig festzustellen, daß viele der Inhalte des EFQM bereits in der Normengruppe angesprochen sind, jedoch nicht in der Nachweisnorm DIN EN ISO 9001. Die Zuordnung zu einem der Normelemente der DIN EN ISO 9001 geschieht deshalb, weil die meisten dieser Unternehmen eine QM-Dokumentation haben, die sich an der Einteilung der Norm orientiert, also nach den 20 Normkapiteln strukturiert ist. Wenn sich ein solches Unternehmen nun auf den Weg der Weiterentwicklung hin zu TQM macht, dann sollte die bestehende Dokumentation „mitwachsen", es sollte keine zweite Dokumentation erstellt werden. Dann ist es wichtig, die zusätzlichen „TQM-Festlegungen" an der entsprechenden Stelle in die bestehende Dokumentation einzufügen.

Die EFQM-Anforderungen je Unterpunkt sind dabei aus Gründen der Authentizität den Ausschreibungsunterlagen für den EQA 1997 entnommen.

Hinsichtlich des Punktes „Umsetzungshinweise je Unterpunkt" ist die Feststellung sehr wichtig, daß es sich hierbei wirklich nur um **Hinweise** handelt. Sie sind keinesfalls im Sinne eines „Kochbuches" zur Umsetzung des EFQM zu verstehen. Zum einen wäre dies ein zu hoher Anspruch, zum anderen ist ein Managementsystem immer etwas stark Unternehmensindividuelles und kann keinesfalls von Unternehmen zu Unternehmen übertragen werden. Die gemachten Angaben sollen lediglich Anregungen darstellen, die zusätzlich die Inhalte der Unterpunkte weiter verdeutlichen sollen.

12.1 EFQM-Kriterium 1: Führung

Allgemeine Beschreibung des Kriteriums

Kriterium 1 ist ein Befähiger, möchte also für eine erfolgreiche Unternehmensführung sorgen. Beleuchtet wird im Kriterium 1 die Rolle der Führungskräfte in einer Organisation. Zweck ist es, die Führungskräfte dabei zu unterstützen, gegenüber ihren Mitarbeitern eine Vorbildrolle zu spielen. Hintergrund der Forderungen dieses Kriteriums ist das Verständnis, daß ein Managementsystem im Unternehmen nur mit Leben erfüllt werden kann, wenn es von den Führungskräften aller Hierarchiestufen vorgelebt wird. Dabei werden neben der genannten Vorbildrolle auch Anforderungen definiert, die sich in Richtung Kunden- und Mitarbeiterorientierung sowie Lieferanteneinbeziehung bewegen.

Für Kriterium 1 werden in der EFQM-Methode 100 Punkte oder 10 % der Gesamtpunktzahl vergeben.

Basis in der Normengruppe DIN EN ISO 9000 ff

Die Inhalte des Unterpunktes 1 a werden ansatzweise in Kapitel 18.1.2 der Norm DIN EN ISO 9004-1 angesprochen, wo sich die Forderung findet, daß die Führungskräfte über das eigene Qualitätsmanagementsystem geschult werden sollen. Weitergehende Anforderungen werden in der DIN EN ISO 9004-4 „Leitfaden für Qualitätsverbesserung" in Kapitel 4 festgelegt.

Die in Unterpunkt 1 b geforderte Bereitstellung geeigneter Mittel und Unterstützung bei der Umsetzung ist innerhalb der Normengruppe an sehr vielen Stellen gefordert. Deshalb unterbleibt hier eine differenzierte Angabe der entsprechenden Normen und Normkapitel.

Unterpunkt 1 c fordert die Orientierung der Führungskräfte auf die Bedürfnisse der Kunden und Lieferanten. Dies ist ebenfalls Inhalt der Norm 9004-1, wo sich Kapitel 9 mit der Qualität in der Beschaffung beschäftigt. Die Kundenorientierung wiederum steht mit Ausnahme der Nachweisstufe 9001 an sehr vielen Stellen innerhalb der Gesamtnormengruppe.

Die Würdigung von Anstrengungen und Erfolgen der Mitarbeiter, die Inhalt des Unterpunktes 1 d ist, wird schwerpunktmäßig in Kapitel 18 „Personal" der Norm DIN ISO 9004-1 angesprochen.

Zuordnung zu Normelementen der DIN EN ISO 9001

Die Unterpunkte 1 a und 1 b dieses Kriteriums gehören zu Normelement 4.1 „Verantwortung der Leitung", der Unterpunkt 1 c hat seinen Bezugspunkt in der Norm DIN EN ISO 9001 neben dem Normelement 4.1 (hinsichtlich der Kundenorientierung) im Normelement 4.6 „Beschaffung". Unterpunkt 1 d kann dem Normelement 4.18 „Schulung" zugeordnet werden, wenn man dieses Normelement im Sinne der Norm DIN ISO 9004-2 „Leitfaden für Dienstleistungen" interpretiert.

Unterpunkte des Kriteriums

1 a. Engagement der Führungskräfte für eine Kultur des umfassenden Qualitätsmanagements
1 b. Mittel, Mitwirkung und Unterstützung des Verbesserungsprozesses durch die Führungskräfte
1 c. Bemühung um externe Beziehungen (Kunden, Lieferanten, andere)
1 d. Anerkennung und Würdigung von Anstrengungen und Erfolgen der Mitarbeiter

EFQM-Anforderungen je Unterpunkt

Das EFQM-Modell macht hinsichtlich der Unterpunkte des Kriteriums 1 die folgenden Aussagen:

1 a. Wie Führungskräfte ihr Engagement für eine Kultur des Umfassenden Qualitätsmanagements sichtbar unter Beweis stellen.
Ansatzpunkte könnten sein, wie Führungskräfte
- klare Werte für und Erwartungen an die Organisation entwickeln,
- sich als Vorbild für die Werte und Erwartungen an die Organisation verhalten und durch Beispiel führen,
- andere schulen und sich schulen lassen,
- für die Mitarbeiter in der Organisation ansprechbar sind, ihnen zuhören und auf sie eingehen,
- aktiv und persönlich an Verbesserungsmaßnahmen mitwirken,
- die Effektivität ihres eigenen Führungsverhaltens überprüfen und verbessern.

1 b. Wie Führungskräfte den Verbesserungsprozeß und die Mitwirkung daran fördern, indem sie geeignete Ressourcen zur Verfügung stellen und Unterstützung gewähren.
Ansatzpunkte könnten sein, wie Führungskräfte
- Prioritäten festlegen,
- Schulungs-, Moderations- und Verbesserungsaktivitäten finanzieren,
- es Mitarbeitern ermöglichen, an Verbesserungsaktivitäten mitzuwirken,
- Beurteilungs- und Laufbahnplanungssysteme nutzen, um Verbesserungen und die Mitwirkung daran zu unterstützen.

1 c. Wie Führungskräfte sich um Kunden und Lieferanten und andere externe Organisationen bemühen.
Ansatzpunkte könnten sein, wie Führungskräfte
- deren Bedürfnisse verstehen, darauf eingehen und sie befriedigen,
- partnerschaftliche Beziehungen aufbauen und daran mitwirken,

- gemeinsame Verbesserungsaktivitäten vereinbaren und daran mitwirken,
- aktiv in Berufsverbänden, Konferenzen und Seminaren mitwirken,
- Umfassendes Qualitätsmanagement außerhalb der Organisation fördern und unterstützen.

1 d. Wie Führungskräfte Anstrengungen und Erfolge der Mitarbeiter anerkennen und würdigen.

Ansatzpunkte könnten sein, wie Führungskräfte daran mitwirken, rechtzeitig und auf angemessene Weise
- einzelne und Teams auf allen Ebenen der Organisation anzuerkennen,
- einzelne und Teams außerhalb der Organisation (z. B. Kunden, Lieferanten, Universitäten etc.) anzuerkennen.

Umsetzungshinweise je Unterpunkt

Angesprochen wird in Unterpunkt 1 a unter anderem die Entwicklung von Werten und Erwartungen an die Organisation. Damit ist hier die Existenz einer zu TQM passenden Unternehmenskultur, man könnte auch Qualitätspolitik sagen, klarer Zielsetzungen und die strukturierte Durchdringung der Gesamtorganisation gefordert. Das sichtbare Engagement der Führungskräfte für TQM wird erkennbar, wenn sich die Führungskräfte aller Hierarchiestufen in regelmäßigen Abständen an festgelegten Aktivitäten beteiligen. Wichtig ist weiter die Existenz von Managementmechanismen zur Überprüfung und Sicherstellung der Erreichung der festgelegten Unternehmensziele. Weiter können die Inhalte dieses Unterpunktes umgesetzt werden, wenn festgelegt wird, wie im Unternehmen die Qualität der Führung hinterfragt wird. Dies kann beispielsweise im Rahmen einer Mitarbeiterbefragung geschehen. Weiter muß festgelegt werden, wie Führungskräfte hinsichtlich des eigenen Qualitätsmanagementsystems und ihrer Führungsverantwortung weitergebildet werden. Hier sind die Existenz eines Weiterbildungsangebotes für Führungskräfte sowie die tatsächliche „Teilnahmedichte" der Führungskräfte als Umsetzungshinweis anzuführen. Führungskräfte sollten weiter die an sie berichtenden Mitarbeiter, aber auch Mitarbeiter anderer Funktionsbereiche über die sie betreffenden Aspekte des Qualitätsmanagements schulen. Schließlich muß eine Regelung gefunden werden, die sicherstellt, daß die Kommunikation zwischen Mitarbeitern und Führungskräften auch über Hierarchiestufen hinweg gewährleistet ist. Die Umsetzung ist selbstverständlich stark abhängig von der Größe der betreffenden Organisation. In kleineren Unternehmen kann dies ohne Probleme gewährleistet werden, indem der Chef zu definierten Zeiten für die Mitarbeiter verfügbar ist. In größeren Unternehmen bedarf es hier u. U. der Festlegung und Umsetzung eines festgelegten „Kommunikationsplanes", in dem die standardisierten Kommunikationsstrukturen aufgeführt sind.

Die Mittelbereitstellung und Ermutigung der Mitarbeiter zur Teilnahme durch die Führungskräfte kann implementiert werden (Unterpunkt 1 b), indem über alle

Hierarchiestufen eine strukturierte Vorgehensweise geschaffen wird, die die Erreichung der in 1 a festgelegten Zielgrößen überwacht, Gefahrpotentiale frühzeitig identifiziert, priorisiert und die zur Beseitigung notwendigen Mittel und Personalressourcen zur Verfügung stellt. Weiter sollte es eine Regelung geben, die die Führung der Mitarbeiter aller Hierarchiestufen mittels individueller Ziele gewährleistet (siehe hierzu auch die Ausführungen zu Kriterium 3). Bestandteil dieser Regelung sollte neben der Formulierung individueller Verbesserungsziele auch die Zielsetzung zur Mitwirkung an Qualitätszirkeln etc. sein.

Unterpunkt 1 c bezieht sich auf die Beziehungen der Führungskräfte nach außen. Zunächst wird es in größeren Unternehmen notwendig sein, die Hauptkunden und -lieferanten zu identifizieren. Sodann sollte es eine strukturierte Methode der Kontaktpflege zwischen diesen Kunden und Lieferanten und den Führungskräften des Unternehmens geben. Diese sollte sich keineswegs nur auf Führungskräfte der Beschaffungsorganisation (Lieferanten) und Marketingorganisation (Kunden) beziehen, sondern alle Führungskräfte einschließen. Zu denken ist an ein Besuchsprogramm bei Lieferanten und Kunden, das alle Führungskräfte betrifft. Denkbar sind auch gemeinsame Verbesserungszirkel mit Kunden und Lieferanten und die Mitwirkung von Führungskräften in solchen Gremien. Bei einer Identifikation der Hauptkunden und -lieferanten muß für die anderen jedoch eine Möglichkeit geschaffen werden, mit dem eigenen Unternehmen in Kontakt zu treten. Hier ist beispielsweise eine Kundenhotline denkbar. Die Rolle der Führungskräfte in den Außenbeziehungen eines Unternehmens kann strukturiert werden durch die Entsendung von Führungskräften in Gremien wie die Industrie- und Handels- oder Handwerkskammern durch die Geschäftsführung. Auch das Halten von Vorträgen mit Inhalten des TQM kann durch die Geschäftsführung selbst durchgeführt oder aber die Durchführung durch andere Führungskräfte unterstützt werden. Auch das Mitwirken von Qualitätsbeauftragten in Gremien wie den DGQ-Regionalkreisen unterstützt die Umsetzung dieses Unterpunktes.

Unterpunkt 1 d fordert die Anerkennung von Erfolgen und Anstrengungen der Mitarbeiter. Dies kann umgesetzt werden, indem man neben dem strukturierten Führen mit Zielen (siehe hierzu auch die Ausführungen zu Kriterium 3) ein entsprechendes Leistungsanerkennungssystem ggf. mit einer leistungsabhängigen Bezahlung einführt. Neben dieser regelmäßigen Anerkennung sollte es eine strukturierte Art der Anerkennung wirklich außergewöhnlicher Leistungen einzelner oder von Teams geben. Dies kann durch ein Prämiensystem oder aber durch eine festgelegte Art der Auszeichnungen umgesetzt werden. Bei der Schaffung und Einführung solcher Belohnungssysteme sollte darauf geachtet werden, daß es auch die Anerkennung von Teamleistungen ermöglicht und sich nicht auf Einzelleistungen beschränkt. Neben der Leistungsanerkennung für Unternehmensinterne sollte auch ein System vorhanden sein, mit dem man herausragende Leistungen von Kunden und Lieferanten honoriert. Dies kann auf der Lieferantenseite durch ein Programm der Leistungsmessung mit entsprechender Zertifizierung sein. Die herausragenden Leistungen der Lieferanten kann man durch Urkunden oder öffentliche Verleihungsfeierlichkeiten anerkennen. Auf der Kundenseite ist es denkbar, daß die Innovationswünsche von Kunden und deren Auswirkungen auf das eigene Unternehmen bewertet werden. Weiter ist es beispielsweise denkbar, daß ein Unternehmen herausragende Leistungen von Studenten, Schülern oder Sportvereinen durch Stipendien und Sponsorship unterstützt.

12.2 EFQM-Kriterium 2: Politik und Strategie

Allgemeine Beschreibung des Kriteriums

Ausgangspunkt für die Anforderungen, die EFQM in diesem Kapitel definiert, ist die grundlegende Überlegung, daß neben einem funktionierenden Management eine klare Zielausrichtung in einem Unternehmen vorhanden sein muß, will es erfolgreich sein. Die Ausrichtung des Unternehmens muß auf aussagekräftigen Fakten beruhen. Weiter muß diese Zielausrichtung nicht nur im Führungskreis bekannt sein, sondern es muß jeder im Unternehmen darüber Bescheid wissen. Nahezu selbstverständlich scheint die Forderung, daß eine einmal definierte Zielausrichtung in geregelter Art und Weise überprüft und ggf. an sich ändernde Rahmenbedingungen angepaßt werden muß.

Für Kriterium 2 werden in der EFQM-Methode 80 Punkte oder 8 % der Gesamtpunktzahl vergeben.

Basis in der Normengruppe DIN EN ISO 9000 ff

Die Forderungen dieses EFQM-Kriteriums gehören selbstverständlich zu den Aussagen des Kapitels 4.1.1 der Norm DIN EN ISO 9001, in der die Existenz einer Qualitätspolitik und entsprechender Qualitätsziele verlangt wird. Über die Anforderungen der 9001 hinaus macht die Norm DIN EN ISO 9004-1 in ihren Kapiteln 4.1 bis 4.3 weitergehende Aussagen, die die Inhalte des vorliegenden EFQM-Kriteriums nahezu abdecken.

Zuordnung zu Normelementen der DIN EN ISO 9001

Wie bereits ausgesagt, kann man in einer bestehenden ISO 9001-basierten QM-Dokumentation die Inhalte dieses EFQM-Kriteriums dem Kapitel 4.1 „Verantwortung der Leitung" und hier dem Unterkapitel „Qualitätspolitik" zuordnen.

Unterpunkte des Kriteriums

2 a. Politik und Strategie aufgrund relevanter und umfassender Informationen
2 b. Entwicklung von Politik und Strategie
2 c. Einführung und Bekanntmachung
2 d. Regelmäßige Aktualisierung und Verbesserung

EFQM-Anforderungen je Unterpunkt

EFQM erhebt hinsichtlich der Erstellung der Politik und Strategie eines Unternehmens die folgenden Anforderungen bzw. macht diese Anregungen:

2 a. Wie Politik und Strategie auf relevanten und umfassenden Informationen beruhen.

Ansatzpunkte könnten sein, wie die Organisation Informationen verwendet bzgl.:
- Kunden und Lieferanten,
- Mitarbeiter der Organisation,
- Gemeinschaft und andere externe Organisationen,
- Aktionäre,
- Interne Leistungsindikatoren,
- Benchmarking-Aktivitäten,
- Leistungen von Konkurrenten und „klassenbesten" Organisationen,
- soziale, umweltrelevante und gesetzliche Belange,
- wirtschaftliche und demographische Indikatoren,
- neue Technologien.

2 b. Wie Politik und Strategie entwickelt werden.

Ansatzpunkte könnten sein, wie die Organisation
- ihre Werte, Mission und Vision erarbeitet,
- Politik und Strategie aufgrund von relevanten Informationen erarbeitet und diese in Einklang mit den Werten, der Mission und der Vision hält,
- kurz- und langfristige Notwendigkeiten und Anforderungen gegeneinander abwägt,
- die Bedürfnisse und Erwartungen ihrer Interessengruppen gegeneinander abwägt,
- die gegenwärtigen und zukünftigen Wettbewerbsvorteile identifiziert,
- die Prinzipien von Umfassendem Qualitätsmanagement in ihrer Politik und Strategie zum Ausdruck bringt.

2 c. Wie Politik und Strategie bekanntgemacht und eingeführt werden.

Ansatzpunkte könnten sein, wie die Organisation
- die Politik und Strategie bekanntmacht,
- die Politik und Strategie stufenweise auf alle Ebenen der Organisation herunterbricht,
- die Politik und Strategie als Grundlage für die Planung aller Aktivitäten und für das Setzen von Zielen in der ganzen Organisation verwendet,
- Pläne testet, bewertet, verbessert, abstimmt und mit Prioritäten versieht,
- überprüft, ob sich die Mitarbeiter der Politik und Strategie bewußt sind,
- strukturiert ist, um Politik und Strategie zu realisieren.

2 d. Wie Politik und Strategie regelmäßig aktualisiert und verbessert werden.

Ansatzpunkte könnten sein, wie die Organisation
- die Relevanz und die Effektivität ihrer Politik und Strategie bewertet,
- ihre Politik und Strategie überprüft, aktualisiert und verbessert.

Umsetzungshinweise je Unterpunkt

Es sollte im Unternehmen ein klarer Zielsetzungsprozeß eingeführt werden. Dieser Prozeß ist dadurch gekennzeichnet, daß zunächst definiert wird, welche Zahlen, Daten und Fakten zur Festlegung von Politik und Strategie verwendet werden. Weiter muß festgelegt sein, woher die benötigten Daten stammen, wer für ihre Beschaffung zuständig und verantwortlich ist. EFQM nennt in Unterpunkt 2 a bereits die Interessengruppen bzw. Informationsfelder, die dabei berücksichtigt werden sollten.

Die Inhalte des Unterpunktes 2 b kann man umsetzen, indem man festlegt, welches Gremium zu welchen Zeitpunkten diese Informationen prüft, um die Politik und Strategie festzulegen. Die Prüfung und Diskussion der Informationen zur Festlegung von Politik und Strategie sollte eine Diskussion bei sich widerstrebenden Interessen einzelner Daten einschließen. Weiter muß bei der Festlegung eine Unterscheidung zwischen lang- und kurzfristigen Anforderungen stattfinden, und es sollten unter den einzelnen Aspekten Prioritäten gesetzt werden. Weiter sollten die vorhandenen Wettbewerbsvorteile, aber auch die Schwächen offen auf den Tisch gelegt und berücksichtigt werden. Auch die Inhalte der Befähigerkriterien des EFQM-Modells sollten Gegenstand der Diskussion sein. All dies kann in einer z. B. halbjährlich stattfindenden Sitzung der obersten Hierarchieebene geschehen, zu der die notwendigen Zahlen, Daten und Fakten zur Verfügung stehen. Bei dieser Sitzung sollten auch Vertreter aller tieferen Hierarchieebenen bis hin zur operativen Ebene teilnehmen.

Sind Strategie und Politik festgelegt, so müssen sie über alle Hierarchieebenen bekanntgemacht und selbstverständlich diskutiert werden. Dabei spielen selbstverständlich die Führungskräfte eine wichtige Rolle, denn ihre Aufgabe ist es, bezogen auf den eigenen Verantwortungsbereich Ziele daraus abzuleiten. Dies gilt bis hin zur operativen Ebene, also im Idealfall bis hin zum einzelnen Mitarbeiter. Zu empfehlen ist eine Teilnahme von Mitgliedern der Geschäftsführung auch bei den Besprechungen auf tieferer Ebene, die die Politik und Strategie zum Inhalt haben. Hier kann der Führungskreis

– inhaltlich die Politik und Strategie diskutieren,
– das Verständnis prüfen,
– Informationen aus der Belegschaft aufnehmen, die zur Verbesserung von Politik und Strategie verwendet werden können.

Haben die Inhalte der definierten Politik und Strategie Anforderungen an den organisatorischen Aufbau des Unternehmens, so muß dieser zeitnah entsprechend verändert werden.

Eine einmal festgelegte Politik und Strategie wird in einem dynamischen Unternehmensumfeld nicht für ewige Zeiten Gültigkeit haben. Deshalb muß der bereits genannte Zielsetzungsprozeß auch die Überprüfung und ggf. Veränderung der Politik und Strategie einschließen. Dieser könnte so aussehen, daß im Rahmen der regelmäßig stattfindenden Sitzungen der Geschäftsleitung die

Erreichungsgrade bzgl. der zur Politik und Strategie gehörenden Zielsetzungen besprochen werden. Werden Korrekturnotwendigkeiten erkennbar, so werden diese entsprechend beschlossen und selbstverständlich auch in die Organisation kommuniziert. Solche „Überprüfungssitzungen" sollten auf allen Hierarchieebenen stattfinden, so daß auch Korrekturen durchgeführt werden, die nicht für die Gesamtorganisation, aber für einen abgeschlossenen Teilbereich notwendig sind.

12.3 EFQM-Kriterium 3: Mitarbeiterorientierung

Allgemeine Beschreibung des Kriteriums

Grundlegender Gedanke des Kriteriums Mitarbeiterorientierung ist die Überlegung, daß zufriedene, gut ausgebildete und motivierte Mitarbeiter beinahe so etwas wie ein Garant für unternehmerischen Erfolg darstellen. Die Mitarbeiterzufriedenheit hat mit zeitlicher Verzögerung sehr starke Auswirkungen auch auf die Zufriedenheit der Kunden. Deshalb hängen diese beiden Aspekte sehr eng zusammen, wie eben alle Aspekte/Kriterien des EFQM-Modells zusammenhängen und ein System bilden.

Für Kriterium 3 werden in der EFQM-Methode 90 Punkte oder 9 % der Gesamtpunktzahl vergeben.

Basis in der Normengruppe DIN EN ISO 9000 ff

Hinsichtlich der Inhalte dieses Kriteriums findet sich in der Nachweisstufe DIN EN ISO 9001 sehr wenig ausgesagt. Lediglich Normelement 4.18 „Schulung" deckt einen sehr kleinen Ausschnitt der Inhalte ab. Studiert man jedoch die anderen Normen, so wird man feststellen, daß auch hier einige der Inhalte dieses EFQM-Kriteriums angesprochen sind: In der DIN EN ISO 9004-1 finden sich in Kapitel 18 „Personal" Aussagen, die sich auf

– die Schulung,
– die Qualifikation und
– die Motivation

beziehen. Auch im Leitfaden für Dienstleistungen DIN ISO 9004-2 werden einige der Inhalte des vorliegenden EFQM-Kriteriums angesprochen.

Zuordnung zu Normelementen der DIN EN ISO 9001

Normelement 4.18 der DIN EN ISO 9001 bezieht sich auf die Schulung und kann deshalb als Zuordnungspunkt dienen. Es besteht aber auch die Möglichkeit, den „Personalprozeß", um den es in Kriterium 3 geht, zusammen mit den anderen Prozessen des Unternehmens unter Kapitel 4.2 „Qualitätsmanagement-System" zu beschreiben. Da diese Aussage jedoch für alle Prozesse eines Unternehmens gilt und dieses QM-Handbuchkapitel dann sehr unübersichtlich würde, ist eine Zuordnung zu Kapitel 4.18 vorzuziehen.

Unterpunkte des Kriteriums

3 a. Planung und Verbesserung der Mitarbeiterressourcen
3 b. Aufrechterhaltung und Weiterentwicklung der Fähigkeiten der Mitarbeiter
3 c. Zielvereinbarung und Leistungsüberprüfung
3 d. Beteiligung, Kompetenzausstattung und Leistungsanerkennung

3 e. Kommunikation mit Mitarbeitern
3 f. Sonstige Mitarbeiterprogramme

EFQM-Anforderungen je Unterpunkt

3 a. Wie Mitarbeiterressourcen geplant und verbessert werden.

Ansatzpunkte könnten sein, wie die Organisation

- die Personalplanung mit der Politik und der Strategie abstimmt,
- Mitarbeiterumfragen erarbeitet und einsetzt,
- faire Anstellungsbedingungen sicherstellt,
- Entlohnung, Versetzungen, Entlassungen und andere beschäftigungspolitische Aspekte mit ihrer Politik und Strategie abstimmt,
- innovative Strategien für die Organisation der Arbeit sowie Methoden zur Verbesserung der Arbeitsweise einsetzt.

3 b. Wie die Fähigkeiten der Mitarbeiter aufrechterhalten und weiterentwickelt werden.

Ansatzpunkte könnten sein, wie die Organisation

- die Fähigkeiten ihrer Mitarbeiter identifiziert, klassifiziert und mit ihren Bedürfnissen zur Deckung bringt,
- Personalbeschaffung und Karriereplanung handhabt,
- Schulungspläne erarbeitet und umsetzt,
- die Wirksamkeit von Schulung überprüft,
- Mitarbeiter durch praktische Erfahrung fördert,
- Teamfähigkeiten aufbaut,
- kontinuierliches Lernen fördert.

3 c. Wie Ziele mit Mitarbeitern vereinbart und die Leistungen kontinuierlich überprüft werden.

Ansatzpunkte könnten sein, wie die Organisation

- die Ziele für einzelne und Teams mit ihren übergeordneten Zielen abstimmt,
- die Ziele für einzelne und Teams überprüft und aktualisiert,
- Mitarbeiter beurteilt und ihnen hilft, ihre Leistungen zu verbessern.

3 d. Wie Mitarbeiter beteiligt, zu selbständigem Handeln autorisiert und ihre Leistungen anerkannt werden.

Ansatzpunkte könnten sein, wie die Organisation

- einzelne und Teams zur Mitwirkung bei Verbesserungen ermutigt und dabei unterstützt,
- die Mitarbeiter durch interne Konferenzen und Veranstaltungen zum Mitmachen ermutigt,
- Mitarbeiter autorisiert, selbständig zu handeln, und die Effektivität überprüft,

- ihr System zur Anerkennung konzipiert, um die Beteiligung und Autorisierung aufrechtzuerhalten.
3 e. Wie ein effektiver Dialog zwischen den Mitarbeitern und der Organisation erreicht wird.

Ansatzpunkte könnten sein, wie die Organisation
- den Kommunikationsbedarf identifiziert,
- Informationen mit ihren Mitgliedern teilt und im Dialog mit ihnen steht,
- die Effektivität der Kommunikation bewertet und verbessert,
- die Kommunikation von oben nach unten, von unten nach oben und seitwärts strukturiert.

3 f. Wie für die Mitarbeiter gesorgt wird.

Ansatzpunkte könnten sein, wie die Organisation
- das Bewußtsein und die Beteiligung der Mitarbeiter bei Belangen der Gesundheit, Sicherheit und des Umweltschutzes fördert,
- das Niveau der Sozialleistungen festlegt (wie z. B. Renten, Gesundheitsfürsorge, Betreuung von Kindern etc.),
- soziale und kulturelle Aktivitäten fördert,
- Einrichtungen und Dienstleistungen zur Verfügung stellt (flexible Arbeitszeit, Personenbeförderung etc.).

Umsetzungshinweise je Unterpunkt

Wie bereits angesprochen, sollte man die Inhalte dieses Kriteriums durch einen „Personalprozeß" umsetzen, der sehr eng mit dem Zielsetzungsprozeß (Kriterium „Politik und Strategie") zusammenarbeitet. Kennzeichen dieses Prozesses sollten die folgenden Dinge sein:

Zunächst muß er die Personalplanung einschließen, die als Resultat des Zielsetzungsprozesses (siehe Kriterium „Politik und Strategie") einsetzt. Im Rahmen dieses Prozesses muß ermittelt werden, welches Personal (Qualifikationsprofil) in welcher Anzahl in welchen Funktionsbereichen zu welchen Zeiten benötigt wird. Als Folge muß die Personalentwicklung geregelt sein, die die Neueinstellung, Weiterqualifikation und Umsetzung von Personal regelt, so daß der Personalplan umgesetzt werden kann. Hinsichtlich der Neueinstellung müssen die Anstellungsbedingungen geregelt sein, dies kann durch eine Festlegung von Einsatzgruppen umgesetzt werden, die regeln, an welcher Stelle im Unternehmen welche Qualifikation benötigt wird, und die weiter regeln, was die Beschäftigungsbedingungen für Personal je Einsatzgruppe sind. Bestandteil dieser Aktivität muß auch eine Regelung für die Handhabung von Entlassungen sein. Natürlich spielt hierbei in Deutschland die Gesetzgebung eine größere Rolle als in anderen Ländern, die in den Prozeß einfließen muß.

Weiterer Bestandteil des Personalprozesses muß die Schulung und Weiterentwicklung des vorhandenen Personals sein. Unumgänglich sind hier geregelte und strukturierte Gespräche zwischen Führungskraft und Mitarbeiter, die zunächst der Zielsetzung für die nächste Planungsperiode dienen, aber auch der Ermittlung der tatsächlichen Leistung bezogen auf die Arbeitsziele der vergangenen Periode. Es erübrigt sich festzustellen, daß die Arbeitsziele der Mitarbeiter aus den Zielen des Funktionsbereiches und damit letztendlich aus Politik und Strategie abgeleitet werden müssen. Damit kennt jeder Mitarbeiter seinen Beitrag zum Erfolg des Gesamtunternehmens. Die Zieldefinition darf nicht vom Vorgesetzten einfach vorgegeben werden, sie muß im besten Sinne zwischen Führungskraft und Mitarbeiter vereinbart werden. Als günstig hat sich erwiesen, wenn Mitarbeiter sich selbst über Arbeitsziele Gedanken machen, diese zu Papier bringen und dann die Diskussion mit dem Vorgesetzten durchgeführt wird. Selbstverständlich sollte die Zielfindung über alle Hierarchieebenen gehen.

Gegenstand der angesprochenen Mitarbeitergespräche muß neben den Arbeitszielen auch eine Planung des weiteren Einsatzes des Mitarbeiters sein. Dabei müssen zwei Facetten beleuchtet werden:

– Weiterqualifikation
– Laufbahnplanung (im Rahmen der betrieblichen Möglichkeiten)

Unter Weiterqualifikation ist dabei keineswegs ausschließlich der Besuch von Weiterbildungsmaßnahmen zu verstehen. Vielmehr kann auch eine zeitlich begrenzte Rotation oder ein internes oder externes Trainee-Programm der Weiterqualifikation dienen. Bezogen auf die Weiterbildung durch Lehrgangsbesuche werden größere Unternehmen über ein strukturiertes Weiterbildungsangebot ihrer Weiterbildungsorganisation verfügen. In diesem Falle sollte das angebotene Weiterbildungscurriculum neben Angeboten zur fachliche Weiterbildung auch solche in Richtung persönlicher Weiterbildung/soziale Kompetenz umfassen. In kleineren Unternehmen wird man auf die Angebote externer Weiterbildungsunternehmen oder von Trainern angewiesen sein. Deshalb ist es wichtig, die mitarbeiterindividuellen Weiterbildungsbedarfe zu sammeln und zu aggregieren, um Mehrfachbedarfe zu erkennen und wirtschaftlich decken zu können. Auch bei kleineren Unternehmen sollten Weiterbildungsangebote, die in Richtung Teamentwicklung/Teamfähigkeit gehen, angeboten und genutzt werden. Eine wichtige Facette bei der Schulung von Mitarbeitern ist die Frage der Wirksamkeit der Schulungsmaßnahmen. Es darf nicht vorkommen, daß Mitarbeiter auf Schulungen geschickt werden, deren Wirkungslosigkeit bereits bei anderen Mitarbeitern deutlich bzw. von diesen anderen Mitarbeitern erkannt wurde. Auch ist es wichtig, daß Vorgesetzte erkennen, wenn trotz Schulungsteilnahme bei Mitarbeitern an wichtigen Punkten noch Qualifikationslücken vorhanden sind. Deshalb muß der Erfolg von Schulungsmaßnahmen überprüft werden. Dies kann z. B. dadurch geleistet werden, daß Mitarbeiter nach Besuch der Schulung deren Wirksamkeit und Qualität anhand eines strukturierten Bewertungsbogens einschätzen. Möglich ist auch, die Wirksamkeit in einem Gespräch zwischen Führungskraft und Mitarbeiter zu prüfen. Wichtig ist bei dieser Wirksamkeitskontrolle, daß sie erst dann vorgenommen wird, wenn der gelernte Sachverhalt in der beruflichen Praxis angewandt wurde. Erst dann kann die Wirksamkeit geprüft werden und nicht unmittelbar nach Beendigung der Schulung.

Ein wichtiger Aspekt der Zielvereinbarung für den nächsten Betrachtungszeitraum ist die Formulierung der Beteiligung an Verbesserungsmaßnahmen im Rahmen des TQM. Hier könnte man – so eine solche Regelung zum Unternehmen paßt – festlegen, daß bei allen Zielvereinbarungsgesprächen ein Ziel im Bereich „Teilnahme an Verbesserungsmaßnahmen" zu liegen hat.

Hinsichtlich der Laufbahnplanung müssen selbstverständlich die Möglichkeiten des Unternehmens berücksichtigt werden. Ist es in größeren Unternehmen eher möglich, den Mitarbeiter Karriereperspektiven aufzuzeigen, so stößt dies bei kleineren Organisationen an enge Grenzen. Laufbahnplanung sollte aber nicht ausschließlich unter dem Blickwinkel hierarchischen Aufstiegs betrachtet werden, auch die Erweiterung der Kompetenzen im Rahmen der vorhandenen Stellung kann Bestandteil einer Laufbahnplanung sein. Die Inhalte des Job Enrichment und Job Enlargement sollten unabhängig von der Frage einer möglichen hierarchischen Beförderung auch in kleinen Unternehmen genutzt werden.

Es wurde bereits deutlich, daß ein Bestandteil des „Personalprozesses" die Vereinbarung von Arbeitszielen sein muß. Selbstverständlich muß die tatsächliche Zielerreichung Gegenstand der Leistungsbeurteilung des Mitarbeiters sein. Für die Durchführung der Leistungsbeurteilung gibt es einige Umsetzungsmöglichkeiten. Man kann die Leistungsbewertung durch die Vorgesetzten durchführen lassen. Dies setzt – wie bei allen anderen Arten ebenfalls – die Existenz einer neutralen Schiedsstelle zur Beilegung von Streitigkeiten voraus. Hierzu kann der Betriebsrat beitragen. Möglich ist auch eine Leistungsbewertung im Kollegen- oder Teamkreis. Dies setzt jedoch eine gewisse Reife der Organisation als Ganzes und ihrer Mitarbeiter voraus. Die Ergebnisse der Leistungsbewertung fließen selbstverständlich in die Laufbahnplanung ein, innovative Mitarbeiter werden so gefördert. Auch bei der Qualifikationsplanung muß berücksichtigt werden, ob es Leistungsmängel als Folge von fehlender Qualifikation gab. Dies stellt zwar für die vorangegangene Qualifikationsplanung und Zielvereinbarung den Fehlerfall dar, doch sollen solche Fälle vorkommen.

Ein weiterer Aspekt der Leistungsbewertung ist der der Leistungsbezahlung. Es sollte – wo immer möglich – ein Teil des Arbeitsentgelts in Abhängigkeit von der Leistung bezahlt werden. Dies bietet den Mitarbeitern Leistungsanreize und ist überdies für das Unternehmen von Vorteil.

Ein weiterer Gesichtspunkt des „Personalprozesses" ist der der Anerkennung außergewöhnlicher Leistungen. Es sollte eine solche Leistungsanerkennung existieren. Dies kann eine Auszeichnung sein, die Vorstellung auf der Betriebsversammlung, die Veröffentlichung in der Firmenzeitschrift, wichtig ist, daß ein solches System existiert.

Leistung setzt das Vorhandensein ausreichender Informationen voraus. Deshalb ist es wichtig, sich im Unternehmen die Frage zu stellen, wie welche Informationen an welche Stellen transportiert werden müssen. Art und Umfang der betrieblichen Kommunikation sind von nicht zu unterschätzender Bedeutung. Es gibt Unternehmen, die über einen Kommunikationsplan verfügen. In ihm ist auch aufgezeichnet, wer für die Durchführung der Kommunikation jeweils verantwortlich ist. Ein solcher Kommunikationsplan kann aber nur die Regelabläufe abdecken. Wichtig ist es, daß im Unternehmen ein freies Kommunikationsklima vorhanden ist. Zu empfehlen ist in jedem Falle, daß es festgelegte Arten von Besprechungen gibt, deren Inhalte bis zu einem sinnvollen Grad zu strukturieren sind.

Weiterer wichtiger Inhalt dieses EFQM-Kriteriums ist die Frage, wie eine Organisation für ihre Mitarbeiter unabhängig vom Betriebsalltag sorgt. Es stellt sich die Frage nach den sonstigen Sozialprogrammen. Auch diese variieren sehr stark mit der Unternehmensgröße. Selbstverständlich kann ein kleines Unternehmen keinen Betriebskindergarten unterhalten. Dennoch lohnt sich die Frage, was unter wirtschaftlich vertretbaren Bedingungen in diesem Bereich für die Mitarbeiter getan werden kann. Auch kleine Unternehmen können hier viel erreichen.

Letzter Aspekt dieses Kriteriums soll der der Mitarbeiterbefragung sein. EFQM verlangt sie zwingend. Im vorliegenden Kriterium steht die Frage nach dem Wie, in Kriterium 7 sind die Ergebnisse hinsichtlich der Mitarbeiterzufriedenheit gefordert. Es kann nur jedem Unternehmen empfohlen werden, seine Mitarbeiter zu befragen, denn die gewonnenen Erkenntnisse sind wertvoll für die weitere Arbeit des Managements. Trotzdem haben viele Führungskräfte Angst vor den Ergebnissen einer Mitarbeiterumfrage, und es gab schon Unternehmen, die ihre Mitarbeiter lieber nicht mehr befragten, weil die Ergebnisse nicht so waren, wie man sie sich gewünscht hatte. Es ist von großer Bedeutung, nochmals auf den engen Zusammenhang zwischen Kundenzufriedenheit und Mitarbeiterzufriedenheit hinzuweisen. Zufriedene Kunden kann ein Unternehmen nur erhalten, wenn es zufriedene Mitarbeiter hat.

Ein paar Gesichtspunkte müssen bei der Erarbeitung und Durchführung von Mitarbeiterumfragen beachtet werden. Die Inhalte, die abgefragt werden sollten, können ohne Probleme aus den Anforderungen des EFQM extrahiert werden. Es sollte in jedem Falle ausreichend Raum für Kommentare gegeben werden. Oftmals sind die Kommentare der Mitarbeiter wesentlich wertvoller als die Bewertung auf einer wie auch immer gearteten Skala.

Es ist sehr wichtig, daß die Anonymität der befragten Mitarbeiter gewahrt bleibt. Deshalb stößt die Eigendurchführung von Mitarbeiterumfragen bei kleineren Unternehmen an Grenzen. Hier kann ein externes Institut **für die Durchführung** zugezogen werden. Der Betriebsrat muß bei der Durchführung von Mitarbeiterbefragungen zugezogen werden, gegebenenfalls ist er sogar zur operativen Durchführung bereit.

In kleineren und mittleren Unternehmen wird sich die Frage „wer soll befragt werden?" nicht stellen, es ist wirtschaftlich zu vertreten, alle Mitarbeiter zu befragen. In größeren Unternehmen sind hier sehr schnell Mittel notwendig, die solche Größenordnungen annehmen, daß sich die Frage nach einer Stichprobe stellt. Wenn eine Mitarbeiterbefragung bei einer Stichprobe durchgeführt wird, so muß diese bestimmten Anforderungen gerecht werden: Zunächst muß sie in geographischer und hierarchischer Hinsicht für das Unternehmen repräsentativ sein. Sie muß eine ausreichende Größe haben, und sie muß unter Wahrung der genannten Bedingungen durch Zufall ermittelt werden. Eine Nennung von Teilnehmern durch die Führungskräfte ist immer abzulehnen, denn der Mensch neigt dazu, nicht unbedingt seine Kritiker zu bevorzugen.

Bei der Auswertung von Mitarbeiterbefragungen ist es sehr wichtig, daß nicht nur die Ergebnisse des Gesamtunternehmens ermittelt werden, sondern auch Ergebnisse für die einzelnen Funktionsbereiche. Nur so können Führungskräfte und ihre Mitarbeiter erkennen, wo die eigene Funktion steht, welche Verbesserungen notwendig sind. Selbstverständlich darf die Auswertung nach Funktionsbereichen nicht so weit getrieben werden, daß die Anonymität des einzelnen nicht mehr gewährleistet ist. Bei einer kleinen Funktion von 1 Führungskraft mit 3 Mitarbeitern ist die Auswertung „von 3 Antworten sind 2 im positiven Bereich, eine im negativen" nicht eben anonymitätsbewahrend. Liegt die Auswertung vor, ist es wichtig, daß die Ergebnisse, auch wenn sie nicht ganz den Vorstellungen der Unternehmensführung entsprechen sollten, unverzüglich und frei kommuniziert werden. Eine Aufforderung an die Mitarbeiter zur Diskussion sollte bei dieser Kommunikation nicht fehlen. Die Ergebnisse der Mitarbeiterumfrage müssen als festgelegter Bestandteil des „Personalprozesses" in den Funktionsbereichen diskutiert werden, um Verbesserungspotentiale (bezogen auf das Gesamtunternehmen und bezogen auf den eigenen Funktionsbereich) zu erkennen und zu definieren.

12.4 EFQM-Kriterium 4: Ressourcen

Allgemeine Beschreibung des Kriteriums

EFQM möchte mit diesem Kriterium erreichen, daß die Unternehmen die materiellen und immateriellen Ressourcen im Unternehmen geschützt und zur Umsetzung der Politik und Strategie eingesetzt werden.

Für Kriterium 4 werden in der EFQM-Methode 90 Punkte oder 9 % der Gesamtpunktzahl vergeben.

Basis in der Normengruppe DIN EN ISO 9000 ff

Unter dem Aspekt des Ressourcenschutzes und zielgerechten Einsatzes der Ressourcen sind Bezugspunkte in der Normengruppe DIN EN ISO 9000 ff nur in Ansätzen vorhanden. DIN EN ISO 9001 erhebt in Kapitel 1 die Forderung, es müßten für qualitätsrelevante Tätigkeiten ausreichend Mittel und qualifiziertes Personal bereitgestellt werden.

Die Norm DIN EN ISO 9004-1 stellt darüber hinaus in Kapitel 6 „Finanzielle Überlegungen zu Qualitätsmanagementsystemen" weitere Überlegungen an, die sich allerdings beinahe ausschließlich auf Qualitätskosten beziehen.

Generell kann festgestellt werden, daß ein ordnungsgemäßer Umgang mit den Unternehmensressourcen an vielen Stellen innerhalb des Normenwerkes angesprochen wird. Beispielhaft sei lediglich auf den Inhalt des Normkapitels 4.16 der Nachweisstufe DIN EN ISO 9001 verwiesen, die unter anderem auch den Schutz wichtiger Unternehmensinformationen zum Inhalt hat. Ein dem EFQM-Ansatz entsprechender umfassender Forderungskatalog findet sich jedoch in der Normengruppe nicht.

Zuordnung zu Normelementen der DIN EN ISO 9001

Unterpunkte des Kriteriums

4 a. Handhabung der finanziellen Ressourcen
4 b. Handhabung der Informations-Ressourcen
4 c. Beziehungen zu Lieferanten, Bewirtschaftung von Material
4 d. Handhabung des Anlagevermögens
4 e. Handhabung von Technologie und geistigem Eigentum

EFQM-Anforderungen je Unterpunkt

4 a. Wie die Organisation ihre finanziellen Ressourcen handhabt.

Ansatzpunkte könnten sein, wie die Organisation

- das Finanzmanagement zur Unterstützung von Politik und Strategie einsetzt,

- finanzielle Strategien und Praktiken überprüft und verbessert,
- finanzielle Parameter wie Mittelfluß, Rentabilität, Kosten und Gewinnspannen, Aktiva, Betriebskapital und Wert für die Aktionäre verbessert,
- Investitionsentscheidungen bewertet,
- Risiken handhabt.

4 b. Wie die Organisation ihre Informations-Ressourcen handhabt.

Ansatzpunkte könnten sein, wie die Organisation

- den entsprechenden Benutzern den Zugriff auf relevante Informationen ermöglicht,
- die Informationen strukturiert und entsprechend handhabt, so daß sie Politik und Strategie unterstützen,
- Validität, Integrität und Schutz der Informationen sicherstellt und verbessert.

4 c. Wie die Organisation ihre Beziehungen zu Lieferanten handhabt und wie Material bewirtschaftet wird.

Ansatzpunkte könnten sein, wie die Organisation

- ihre Beziehungen zu Lieferanten in Übereinstimmung mit Politik und Strategie entwickelt,
- die Wertschöpfung von Lieferanten maximiert,
- die Zulieferkette verbessert,
- den Lagerbestand optimiert,
- den Verbrauch an Versorgungsgütern (Wasser, Energie etc.) senkt,
- Abfälle reduziert und wiederverwertet,
- globale, nicht erneuerbare Ressourcen schonend einsetzt,
- schädliche globale Beeinträchtigungen durch ihre Produkte und Dienstleistungen reduziert.

4 d. Wie die Organisation Gebäude, Einrichtungen und anderes Anlagevermögen handhabt.

Ansatzpunkte könnten sein, wie die Organisation

- ihre Vermögenswerte im Einklang mit Politik und Strategie bewirtschaftet,
- die Instandhaltung und Nutzung von Vermögenswerten handhabt, um deren Lebenszyklusleistung zu verbessern,
- die Auswirkungen ihrer Vermögenswerte auf die Gemeinschaft und die Mitarbeiter berücksichtigt (inkl. Gesundheit und Unfallverhütung),
- den Schutz ihrer Vermögenswerte bewerkstelligt.

4 e. Wie die Organisation Technologie und geistiges Eigentum handhabt.

Ansatzpunkte könnten sein, wie die Organisation

- vorhandene Technologien nutzt,

- alternative und aufkommende Technologien im Hinblick auf Politik und Strategie sowie bezüglich ihrer Auswirkungen auf das Geschäft und die Gesellschaft identifiziert und beurteilt,
- Technologie zur Verbesserung von Prozessen, Informations- und anderen Systemen nutzt,
- geistiges Eigentum nutzt und schützt.

Umsetzungshinweise je Unterpunkt

Nachdem die Definition von Politik und Strategie stattgefunden hat, setzt ein entsprechender Zielsetzungsprozeß durch die gesamte Organisation ein. Bestandteil dieses Zielsetzungsprozesses muß auch die Planung der für die Zielerreichung notwendigen finanziellen Mittel sein. Selbstverständlich müssen Veränderungen in den Prioritäten, die sich bei der regelmäßigen Überprüfung ergeben, auch Veränderungen in der Finanzmittelplanung nach sich ziehen. Im Rahmen der Prioritätensetzung müssen Investitionsrechnungen durchgeführt werden, deren Aufbau und Inhalt festgelegt sind, so daß ein Vergleich verschiedener Alternativen möglich ist.

Hinsichtlich der Handhabung der Informations-Ressourcen wie Marktdaten, Kundeninformationen, Verkaufszahlen, ... muß es in einer Organisation eine klare Übersicht der überhaupt vorhandenen Informationen geben. Ein sehr wichtiger Punkt ist hierbei die Festlegung,

– welche Prüfungen hinsichtlich der Gültigkeit von Daten durchzuführen sind, bevor diese in das Datensystem eingegeben werden,
– wer zur Dateneingabe berechtigt ist.

Dabei ist es wichtig, die Struktur der Daten zu kennen und zu wissen, in welcher Form die Daten vorliegen (DV-System, ...). Auch die Datensicherheit sollte ganz klar geregelt sein, so daß ein Datenverlust z. B. aufgrund eines Systemausfalls nicht auftreten kann. Weiter sollte klar festgelegt sein, welche Informationen zu welchen Entscheidungen herangezogen werden. Weiter muß definiert sein, welche Personengruppe zu welchen Daten Zugang hat und wie dieser Zugang ermöglicht und gesichert wird (Paßwörter, ...).

Der Gesichtspunkt der Lieferanteneinbindung sollte durch den Beschaffungsprozeß mitgeregelt werden. Sinnvoll ist eine Untersuchung, bei der die für das eigene Haus wichtigsten Lieferanten identifiziert werden. Mit diesen sollte es regelmäßige Kontakte geben, bei denen die beiderseitigen Interessen abgeglichen und neue Entwicklungen besprochen werden. Weiter sollte es ein Qualitätsprogramm für diese Lieferanten geben, in dem klar definiert ist, welche Erwartungen an die Hauptlieferanten gestellt werden. Auch sollte die Zulieferung so geregelt werden, daß die Lagerhaltung optimiert und damit die Kapitalbindung minimiert werden kann.

Hinsichtlich des Ressourcenverbrauchs an Wasser, Energie, ... sollte es Programme zur Reduzierung geben, ebenso für die Abfallwirtschaft. Daß die

Umsetzung sehr stark von Branche zu Branche variiert, ist bei diesen Inhalten selbstverständlich.

Weiter fordert das EFQM-Kriterium 4 die schonende und gewinnbringende Nutzung des Anlagevermögens der Organisation. Auch dies ist ein Punkt, der sehr stark von der Art des Unternehmens abhängt. Beispielsweise ist ein bedeutender Punkt des Anlagevermögens eines Halbleiterherstellers in der millionenteueren Ausstattung mit Fertigungsmaschinen zu sehen, während mancher Dienstleister nahezu kein Anlagevermögen außer einem PC sein eigen nennt. Deshalb kann hier ein allgemeingültiger Umsetzungshinweis nicht gegeben werden.

Unterpunkt 4 e des Kriteriums „Ressourcen" fordert Schutz und Nutzung des geistigen Eigentums sowie Identifikation und Nutzung neuer Technologien und Vorgehensweisen. Den zweiten Punkt kann man umsetzen, indem im Rahmen der Identifikation der Politik und Strategie auf Gesamtunternehmensebene auch Informationen über neue Technologien etc. geprüft werden. Dies sollte selbstverständlich auch im Rahmen der Festlegungen von Zielen und Prioritäten auf nachgeordneten Hierarchieebenen geschehen. Ein weiterer wichtiger Punkt ist die Sicherstellung, daß das eigene Unternehmen technologisch auf dem neuesten Stand ist. Dies kann durch Vergleiche mit Produkten von Konkurrenzunternehmen geschehen. Die Schutzmöglichkeiten des im Unternehmen vorhandenen geistigen Eigentums sind von Branche zu Branche sehr unterschiedlich vorhanden. Gehen beispielsweise bei einem Weiterbildungsanbieter die offiziellen Schutzmöglichkeiten für Lehrgangskonzepte über den Rahmen des Copyright nicht wesentlich hinaus, sind die Möglichkeiten und Notwendigkeiten bei einer Technologiefirma in der Gentechnik sicherlich wesentlich höher. Hier müssen Regelungen hinsichtlich der Patentanmeldung und -nutzung getroffen werden, es ist an Sperrklauseln in Arbeitsverträgen, an die Hinterlegung wichtiger Unterlagen an einem sicheren Ort etc. zu denken.

12.5 EFQM-Kriterium 5: Prozesse

Allgemeine Beschreibung des Kriteriums

Mit dem Kriterium „Prozesse" möchte EFQM erreichen, daß in den Unternehmen weniger in Funktionen mit all den damit verbundenen Schwächen wie nicht geregelten Schnittstellen etc., sondern eher in Prozessen und damit ablauf- und ergebnisorientiert gedacht und gehandelt wird. Weiter geht man davon aus, daß echte und anhaltende Verbesserungen nur durch Prozeßverbesserungen zu erreichen sind.

Für Kriterium 5 werden in der EFQM-Methode 140 Punkte oder 14 % der Gesamtpunktzahl vergeben.

Basis in der Normengruppe DIN EN ISO 9000 ff

Die Norm DIN EN ISO 9000-1 macht in den Abschnitten 4.7 (Das Netzwerk von Prozessen in einer Organisation) und 4.8 (Qualitätsmanagement-System in bezug auf das Netzwerk von Prozessen) recht interessante Aussagen in bezug auf die Prozesse eines Unternehmens. Hier steht unter anderem geschrieben:

Eine Organisation muß ihr Netzwerk von Prozessen und Schnittstellen feststellen, organisieren und handhaben. Die Organisation schafft, verbessert und liefert durch das Netzwerk von Prozessen gleichbleibende Qualität ihrer Angebotsprodukte. Dies ist eine fundamentale Konzeptbasis für die DIN-ISO-9000-Familie. Prozesse und ihre Schnittstellen sollten einer Analyse und ständigen Verbesserung unterzogen werden.

An anderer Stelle:

Um Schnittstellen, Verantwortlichkeiten und Befugnisse zu klären, sollte ein Prozeß einen „Eigner" als die verantwortliche Person haben. Die Qualität der zur obersten Leitung gehörigen Prozesse wie etwa strategische Planung ist besonders bedeutungsvoll.

Und:

Um effektiv zu sein, benötigt ein QM-System Koordinierung und Verträglichkeit seiner einzelnen Prozesse sowie die Festlegung ihrer Schnittstellen.

Obige Zitate machen es ganz deutlich, daß hier eine deutliche inhaltliche Redundanz zur EFQM-Methodik vorliegt und daß die Beherrschung der betrieblichen Prozesse (und nicht nur der Produktionsprozesse) eine wichtige Voraussetzung eines funktionierenden Management-Systems ist. Darüber hinaus werden einige wichtige Dinge angesprochen:

- Transparenz hinsichtlich der Prozeßstruktur des Unternehmens (= Netzwerk der Prozesse)
- Prozeßeignerschaft
- Regelung der betrieblichen Schnittstellen

- Einbeziehung der obersten Leitung (= Geschäftsführung) in die Prozeßarbeit
- Regelung der Verantwortlichkeiten und Befugnisse

Die Nachweisstufe DIN EN ISO 9001 definiert detailliert, an welchen Stellen Prozeßabläufe vorhanden sein müssen. Damit definiert sie vereinfacht ausgedrückt die Stellen im Unternehmen, an denen – sollte ein Verfahren fehlen – ein hohes Gefahrenpotential vorhanden ist.

Ein Beispiel für eine solche Forderung innerhalb der DIN EN ISO 9001 ist:

Der Lieferant muß Verfahrensanweisungen zur Vertragsprüfung und für die Koordinierung dieser Tätigkeiten einführen und aufrechterhalten.

Obige Normforderung bedeutet – wiederum vereinfacht ausgedrückt – nichts anderes, als daß das Unternehmen ein schriftliches Verfahren haben muß, das sicherstellt, daß dem Kunden (auch bereits in der Angebotsphase) nichts versprochen wird, was später nicht eingehalten werden kann.

Innerhalb der Gruppe DIN EN ISO 9000 ff existiert eine weitere Norm, die eindeutige Aussagen in Richtung auf Prozeßmanagement macht. Interessanterweise handelt es sich um eine solche, die das Thema Qualitätsverbesserung behandelt. Diese Norm will den Unternehmen auf dem Weg hin zu TQM helfen. Es handelt sich bei dieser um die DIN ISO 9004-4, „Leitfaden für Qualitätsverbesserung". Im englischen Originaltext der Norm steht unter dem Kapitel 4.1 (Principles of quality improvement):

The quality of an organization's products, services and other outputs is determined by the satisfaction of the customers who use them and results from the effectiveness and efficiency of the processes that create and support them.

Quality improvement is achieved by improving processes. Every activity or item of work in an organization comprises one or more processes.

Quality improvement is a continuous activity, aiming for ever higher process effectiveness and efficiency.

Unter Kapitel 5 (Managing for quality improvement) steht zu lesen:

Although the application of ... techniques ... will give some incremental improvement, their full potential can only be realized if they are applied and coordinated within a structured framework. This requires organizing, planning, measuring for quality improvement, and reviewing all quality-improvement activities.

Die beiden Zitate aus der Norm zeigen wiederum einige Dinge recht deutlich:

- Die Qualität der Produkte und Dienstleistungen eines Unternehmens wird durch die Zufriedenheit der Abnehmer bestimmt (Kundenzufriedenheit).
- Die Qualität der Produkte und Dienstleistungen ist ein Ergebnis der Unternehmensprozesse.
- Qualitätsverbesserung ist eine Folge der Verbesserung der Prozesse des Unternehmens.

- Prozeßverbesserung in wesentlichem Umfang kann nicht durch Einzelmaßnahmen wie der Anwendung von Arbeitsmethoden erreicht werden, sondern lediglich durch strukturiertes Vorgehen.

Der letzte Punkt zeigt die Wichtigkeit des Vorhandenseins einer Methode, die in der geforderten strukturierten Weise zur Verbesserung der Geschäftsprozesse und damit zur Verbesserung der Qualität im Unternehmen eingesetzt werden kann.

Als Fazit dieser Betrachtung der Relation zwischen der Normengruppe DIN EN ISO 9000 ff und den Forderungen dieses EFQM-Kriteriums kann gezogen werden, daß die Normengruppe hier bereits sehr viele Inhalte des EFQM-Modells umfaßt.

Zuordnung zu Normelementen der DIN EN ISO 9001

Da die Art des Managements der Unternehmensprozesse zu den fundamentalen Festlegungen eines Qualitätsmanagementsystems zählt, sollte die entsprechende Beschreibung dem QM-Handbuchkapitel 4.2 „Qualitätsmanagementsystem" zugeordnet werden.

Unterpunkte des Kriteriums

5 a. Identifikation der für den Erfolg wesentlichen Prozesse
5 b. Systematische Führung von Prozessen
5 c. Überprüfung und Zielsetzung
5 d. Innovation und Kreativität zur Prozeßverbesserung
5 e. Prozeßveränderungen und ihre Bewertung

EFQM-Anforderungen je Unterpunkt

5 a. Wie die für den Geschäftserfolg wesentlichen Prozesse identifiziert werden.

Die Antwort sollte eine Liste der Schlüsselprozesse enthalten, insbesondere der Prozesse und Teilprozesse, die einen signifikanten Einfluß auf die Ergebniskriterien 6 bis 9 haben.

Ansatzpunkte könnten sein, wie die Organisation

- Schlüsselprozesse definiert,
- die Identifikation der Schlüsselprozesse vornimmt,
- die Auswirkung der Schlüsselprozesse auf das Geschäft bewertet.

5 b. Wie Prozesse systematisch geführt werden.

Ansatzpunkte könnten sein, wie die Organisation

- Prozeßeigentümerschaft und Prozeßmanagement festlegt,
- Leistungsnormen festlegt und überwacht,
- Leistungsmeßgrößen für das Prozeßmanagement verwendet,

- Systemnormen, z. B. Qualitätsmanagementsysteme, wie ISO 9000, Umweltmanagementsysteme, Gesundheits- und Unfallverhütungssysteme beim Prozeßmanagement anwendet,
- Schnittstellenbelange innerhalb der Organisation und mit externen Partnern bereinigt.

5 c. Prozesse überprüft und Ziele für Verbesserungen gesetzt werden.

Ansatzpunkte könnten sein, wie die Organisation

- Methoden für graduelle und quantensprungartige Verbesserungen identifiziert und mit Prioritäten versieht,
- Informationen von Mitarbeitern, Kunden, Lieferanten, anderen Interessengruppen, Konkurrenten und der Gesellschaft sowie Benchmarkdaten verwendet, um Leistungsnormen, Prioritäten und Ziele für Verbesserungen festzulegen,
- aktuelle Leistungsmessungen und Ziele für Verbesserungen in Beziehung zu den Leistungen in der Vergangenheit setzt,
- herausfordernde Ziele (in Kriterien 6 bis 9 dargestellt) identifiziert und vereinbart, welche die Politik und Strategie unterstützen.

5 d. Wie Prozesse durch Innovation und Kreativität verbessert werden.

Ansatzpunkte könnten sein, wie die Organisation

- die kreativen Talente ihrer Mitarbeiter bei graduellen und quantensprungartigen Verbesserungen zum Tragen bringt,
- neue Konstruktionsprinzipien, Technologien und Betriebsphilosophien entdeckt und einsetzt,
- die Organisationsstruktur ändert, um Innovation und Kreativität zu fördern,
- das Feedback von Kunden, Lieferanten und anderen Interessengruppen nutzt, um Innovation und Kreativität beim Prozeßmanagement anzuregen.

5 e. Wie Prozesse geändert werden und der Nutzen der Änderung bewertet wird.

Ansatzpunkte könnten sein, wie die Organisation

- sich auf geeignete Methoden zur Einführung von Änderungen einigt,
- neue oder geänderte Prozesse erprobt und ihre Einführung überwacht,
- Prozeßveränderungen bekanntmacht,
- die Mitarbeiter vor der Einführung schult,
- Prozeßänderungen überprüft, um sicherzustellen, daß die erwarteten Ergebnisse erzielt werden.

Umsetzungshinweise je Unterpunkt

Die Umsetzung der Forderungen dieses EFQM-Kriteriums ist durch die Einführung des Geschäftsprozeßmanagements (GPM) im Unternehmen sichergestellt.

Dabei ist zu beachten, daß hier sowohl technische als auch Verwaltungsprozesse abgedeckt werden sollten. Die Methodik des Geschäftsprozeßmanagements ist gekennzeichnet durch die folgenden Aspekte:

Das Kunden-/Lieferanten-Prinzip:

In heutigen Unternehmen gelten als Kunden nur die externen Kunden. Daß auch die Zusammenarbeit innerhalb des Unternehmens als Verhältnis zwischen Kunden und Lieferanten gestaltet werden sollte, ist noch recht neu. Das erste Prinzip des GPM ist es, daß jeder im Unternehmen sich als Lieferant sieht und entsprechend mit seinen Kunden umgeht. Gleichzeitig ist er natürlich auch Kunde des Kollegen, mit dessen Ergebnissen er weiterarbeiten muß. Beide Partner müssen wissen,

- wann
- wer
- was
- in welcher Qualität

zu erhalten hat, damit vernünftig zusammengearbeitet werden kann. Diese Vereinbarung des zu Liefernden nennt man Leistungsvereinbarung.

Das Kunden-/Lieferantenprinzip gilt zum Beispiel für den Entwickler einer Dienstleistung, der Lieferant desjenigen ist, der diese Dienstleistung erbringen muß. Dies gilt ebenso für den Anforderer eines bestimmten, zu beschaffenden Produktes, der der Lieferant des Einkäufers ist, der die Beschaffung durchführt und dem er das Teil so beschreiben muß, daß dieser ohne Rückfragen und Probleme weiterarbeiten kann. Dies gilt im Unternehmen selbstverständlich nicht nur für einzelne, sondern ebenso für Funktionen. Es ist Prinzip des GPM, dafür zu sorgen, daß Funktionen möglichst optimal zusammenarbeiten, sich gegenseitig als Kunden und Lieferanten betrachten. Auch hierzu ein kleines Beispiel: Eine Funktion Rechnungsschreibung kann nur optimal operieren, wenn diejenigen im Unternehmen, die das Schreiben von Rechnungen anstoßen, also zum Beispiel die Vertriebsfunktion, die in Rechnung zu stellenden Produkte zeitgerecht und eindeutig weitermelden.

Diese Art der Zusammenarbeit leitet über zu dem zweiten Prinzip des GPM, dem

Prinzip des Denkens in Wertschöpfungs- und Wirkungszusammenhängen:

Etwas griffiger könnte man dieses Prinzip auch formulieren: Weg vom Funktionsdenken und hin zu einem Ablauf- und Ergebnisdenken. Sehr viele Unternehmen sind heute geprägt von einem Denken in Funktionen, jeder Funktionsleiter gibt sein Bestes, um seinen Verantwortungsbereich möglichst optimal zu organisieren. Obwohl die einzelnen Funktionen sehr gut operieren, arbeiten sie nicht gut zusammen. Es denkt jeder nur an seine Interessen, vergißt aber die des anderen (so er sie überhaupt kennt) und die des Gesamtunternehmens, das Unternehmen „zerfällt in kleine Königtümer". Hier will GPM dafür sorgen, daß sich die Zusammenarbeit der Funktionen und Menschen verbessert, weil nicht mehr in Abteilungsegoismen, sondern ziel- und ablauforientiert gedacht und gehandelt wird. Eine Anmerkung hierbei ist sehr wichtig: Der überwiegende Teil der heute in einem Unternehmen beschäftigten Menschen hat sich in Jahren und Jahrzehnten das Denken in Funktionen angewöhnt. Deshalb bedeutet gerade diese Änderung des Denkens einen langwierigen Prozeß, mit dem sich viele Menschen sehr schwertun.

Das dritte Prinzip des GPM ist das der kontinuierlichen Prozeßverbesserungen. Geschäftsprozeß-Management ist kein einmaliger Vorgang, bei dem eine einmalige Verbesserung durchgeführt und dann festgeschrieben wird. GPM ist eine Führungsmethode, die auf lange Zeit Gültigkeit haben muß und die im Laufe der Zeit zu immer besseren Ergebnissen führt.

Viertes Prinzip des GPM ist die Ermittlung und Nutzung des Wissens der Leute, die tagtäglich die Geschäftsprozesse durchführen, sie sind die wirklichen Spezialisten hinsichtlich der Prozesse und sie kennen die Schwachstellen der Prozeßdurchführung aus ihrer alltäglichen Arbeitswirklichkeit. Damit bedingt GPM zwangsläufig die Einbeziehung dieser Leute, also der Mitarbeiter (siehe auch EFQM-Kriterium 3 „Mitarbeiterorientierung").

Eine umfassende Beschreibung der Methodik des Geschäftsprozeß-Managements findet sich in der Publikation „Geschäftsprozeß-Management – Steuerung und Optimierung von Geschäftsprozessen", das im Beuth Verlag, Berlin, erschienen ist.

12.6 EFQM-Kriterium 6: Kundenzufriedenheit

Allgemeine Beschreibung des Kriteriums

Die Zufriedenheit der Kunden ist neben der Mitarbeiterzufriedenheit von großer Bedeutung für den Markterfolg eines Unternehmens. Deshalb müssen die Unternehmen in diesem EFQM-Kriterium durch Fakten nachweisen, daß sich die Zufriedenheit ihrer Kunden im Verlauf der letzten Jahre absolut verbessert hat. Weiter muß durch Vergleiche mit anderen Unternehmen dargelegt werden, daß die eigenen Zufriedenheitszahlen auch gegenüber denen anderer Unternehmen positiv sind.

Es handelt sich beim vorliegenden um das erste Ergebniskriterium. Dies bedeutet, und das gilt für alle Ergebniskriterien, daß durch Zahlen, Daten und Fakten der jeweilige Erfolg bezogen auf das Kriterium und in der Entwicklung über die Zeit ausgewiesen werden muß. Weiter ist der Vergleich mit anderen Unternehmen gefordert, also die Durchführung von Benchmarking-Studien. Auch ist jeweils zu begründen, inwieweit die ausgewiesenen Ergebnisse tatsächlich eine Aussage über den Erfolg bezüglich des Meßkriteriums zulassen, die Relevanz der ausgewiesenen Meßgrößen muß also dargelegt werden.

Für Kriterium 6 werden in der EFQM-Methode 200 Punkte oder 20 % der Gesamtpunktzahl vergeben.

Basis in der Normengruppe DIN EN ISO 9000 ff

Man wirft der Normengruppe DIN EN ISO 9000 ff immer wieder vor, die Kundenzufriedenheit komme in ihr nicht oder zu selten vor. Wenn man die Normen jedoch studiert, wird man feststellen, daß sehr viele ihrer Forderungen der Kundenzufriedenheit dienen. Als Beispiel hierfür seien lediglich die Forderungen des Normelementes „Vertragsprüfung" der Nachweisstufe DIN EN ISO 9001 genannt, die ausschließlich dazu dienen, die Kundenwünsche exakt zu erfassen und die Erbringbarkeit zu prüfen. Beide Gesichtspunkte dienen ganz sicher der Kundenzufriedenheit. Weiter wird die Kundenzufriedenheit durchaus auch in der Norm, und zwar an entscheidenden Stellen, genannt. Bei der Forderung nach der Formulierung einer Qualitätspolitik und entsprechender Qualitätsziele (DIN EN ISO 9001, Normelement 4.1) steht ausgesagt, daß diese aus der Sicht der Kunden von Relevanz sein müssen. Weiter ist in Kapitel 7.3 der Norm DIN EN ISO 9004-1 zu lesen, daß es im Unternehmen ein System zur „Kunden-Rückinformation" geben sollte, das viele Aspekte des EFQM-Kriteriums 6 (Unterpunkt 6 a) abdeckt.

Nicht Bestandteil der Anforderungen der Normgruppe DIN EN ISO 9000 ff ist, daß Unternehmen die tatsächliche Zufriedenheit der Kunden ermitteln und ausweisen. Aus dieser Betrachtungsweise stellen die Anforderungen des vorliegenden EFQM-Kriteriums eine logische Erweiterung zu den Forderungen der Normengruppe DIN EN ISO 9000 ff dar.

Zuordnung zu Normelementen der DIN EN ISO 9001

Die Darstellung der Kundenzufriedenheitsdaten sollte in einer bestehenden QM-Dokumentation als Anhang zum QM-Handbuch dienen, denn es ist zu bedenken, daß QM-Handbücher meist auch an Unternehmensexterne gegeben werden, z. B. im Rahmen der Akquise, so daß man sich die Frage stellen muß, ob die Daten für die Veröffentlichung nicht zu sensitiver Natur sind. Generell gehört die Kundenzufriedenheit zu Normelement 4.1 „Verantwortung der Leitung" der Norm DIN EN ISO 9001.

Unterpunkte des Kriteriums

6 a. Beurteilung aus der Sicht der Kunden
  1. Image allgemein
  2. Produkte und Dienstleistungen
  3. Verkaufs- und Serviceleistungen
  4. Loyalität
6 b. Zusätzliche Meßkriterien

EFQM-Anforderungen je Unterpunkt

6 a. Die Beurteilung der Produkte, Dienstleistungen und der Kundenbeziehungen der Organisation aus Sicht der Kunden.

Ansatzpunkte könnten die Beurteilung der Kunden (z. B. anhand von Kundenumfragen, Fokusgruppen, Lieferantenbewertungen etc.) bezüglich folgender Aspekte sein:

- Image allgemein
  - Zugänglichkeit
  - Kommunikation
  - Flexibilität
  - proaktives Verhalten
  - Reaktionsfähigkeit
- Produkte und Dienstleistungen
  - Erfüllung der Qualitätsanforderungen
  - Innovation
  - Preis
  - Zuverlässigkeit
  - Lieferung
  - Design
  - Umweltverträglichkeit
- Verkaufs- und Serviceleistungen
  - Fähigkeiten und Verhalten der Mitarbeiter
  - Reaktionszeit

- Kundenunterlagen und technische Dokumentation
- technische Unterstützung
- Behandlung von Beschwerden
- Gewährleistung und Garantiebestimmungen
- produktspezifische Schulung

• Loyalität
- Absicht, erneut zu kaufen
- Bereitschaft, andere Produkte und Dienstleistungen bei der Organisation zu kaufen
- Bereitschaft, die Organisation weiterzuempfehlen

6 b. Zusätzliche Meßgrößen, die sich auf die Zufriedenheit der Kunden mit der Organisation beziehen.

Ansatzpunkte könnten Meßgrößen sein, die die Organisation verwendet, um die Zufriedenheit und Loyalität von externen Kunden zu verstehen, vorherzusagen und zu verbessern, und zwar bezüglich folgender Aspekte:

• Gesamtimage
- Anzahl erhaltener Preise und Auszeichnungen
- Berichterstattung in der Presse

• Produkte und Dienstleistungen
- Wettbewerbsfähigkeit
- Anzahl Beschwerden und deren Bearbeitung
- Fehler-, Ausfall- und Rückweisungsraten
- Produktlebenszyklus
- Gewährleistungs- und Garantieleistungen
- Entwicklungszeit bis zur Markteinführung
- Indikatoren für die Logistik

• Verkaufs- und Serviceleistungen
- Nachfrage nach Schulung
- Reaktionsrate

• Loyalität
- Anteil am Auftragsvolumen eines Kunden
- Auftragswert über gesamte Dauer der Beziehung
- Dauer der Geschäftsbeziehung
- neues oder verlorenes Geschäft
- effektive Empfehlungen
- Wiederholaufträge
- Häufigkeit/Wert von Aufträgen

Umsetzungshinweise je Unterpunkt

Die Aspekte des Unterpunktes 6 a können nur durch eine wie auch immer geartete Befragung der Kunden ermittelt werden. Dies kann auftragsbezogen in Form eines Fragebogens geschehen, der den Kunden bei Auftragsabwicklung vorgelegt wird. Eine solche Vorgehensweise stößt jedoch aus der Erfahrung auf Widerstände auf seiten der Kunden. Vorzuziehen ist die regelmäßige Befragung der Kunden, z. B. jährlich. Die Aspekte, die als Minimum abgefragt werden sollten, können den Ansatzpunkten des Unterpunktes 6 a entnommen werden. Selbstverständlich können und sollten weitere relevante Aspekte zusätzlich ermittelt werden. Wichtig ist es bei der Fragebogengestaltung, daß genügend Raum für Kommentare vorgesehen wird. Diese sind oft sehr viel wertvoller als die reine Bewertung auf einer wie auch immer gearteten Skala. Es sollte auch immer die Rücklaufquote bei Fragebogenaktionen mit angegeben werden. Eine direkte Befragung der Kunden z. B. durch eigene Vertriebsmitarbeiter birgt die Gefahr der Manipulation der Kundenmeinung und sollte deshalb vermieden werden. Vorzuziehen ist eine neutrale Befragung, was nicht zwangsläufig heißt, daß sie von Externen durchgeführt werden muß. Sie bietet auch eher die Möglichkeit, von den Kunden, die bei mehreren Unternehmen kaufen, Zufriedenheitsdaten bzgl. der anderen Anbieter zu erhalten. Selbstverständlich können wichtige Erkenntnisse auch in Kundengremien gewonnen werden, man könnte eine solche Einrichtung auch als Kundenparlament bezeichnen. Hinsichtlich des Vergleichs der eigenen Daten (Benchmarking) sei auf das Kapitel 16 dieses Buches verwiesen. Können bzgl. der Ansatzpunkte des vorliegenden Unterpunktes 6 a nicht alle Aspekte in Kundenbefragungen ermittelt werden, so ist der Nachweis der Relevanz der vorliegenden Daten von großer Bedeutung.

Unterpunkt 6 b fordert die Offenlegung anderer Zahlen, Daten und Fakten, aus denen sich Rückschlüsse auf die Zufriedenheit der Kunden ziehen lassen. Es handelt sich hierbei nicht um durch Befragungen ermittelte Informationen, sondern um solche, die das Unternehmen selbst erfaßt. Ein Beispiel für solche Größen könnte die Quote sein, die aussagt, wieviel Prozent der Erstkunden nach der Abwicklung des Erstauftrages weitere Aufträge plazieren. Weitere Beispiele könnten sein, wie viele Anerkennungsschreiben eine Unternehmung erhalten hat in bezug auf das gesamte Auftragsvolumen. Auch die zeitliche Entwicklung durchschnittlicher Ausfallzeiten kann hier eine wichtige Information liefern. Generell ist das Feld möglicher interner Meßgrößen sehr breit. Deshalb ist die Diskussion der Relevanz interner Meßgrößen für die Zufriedenheit der Kunden gerade in diesem Bereich sehr wichtig.

12.7 EFQM-Kriterium 7: Mitarbeiterzufriedenheit

Allgemeine Beschreibung des Kriteriums

Wie bereits an anderer Stelle ausgeführt, ist die Zufriedenheit der eigenen Mitarbeiter von großer Bedeutung für den Erfolg eines Unternehmens. Wird die Mitarbeiterorientierung in EFQM-Kriterium 3 angesprochen, so dient das vorliegende Kriterium dazu, die Ergebnisse der Bemühungen offenzulegen.

Es handelt sich beim vorliegenden um ein Ergebniskriterium. Dies bedeutet, daß durch Zahlen, Daten und Fakten der jeweilige Erfolg bezogen auf das Kriterium und in der Entwicklung über die Zeit ausgewiesen werden muß. Weiter ist der Vergleich mit anderen Unternehmen gefordert, also die Durchführung von Benchmarking-Studien. Auch ist jeweils zu begründen, inwieweit die ausgewiesenen Ergebnisse tatsächlich eine Aussage über den Erfolg bezüglich des Meßkriteriums zulassen, die Relevanz der ausgewiesenen Meßgrößen muß also dargelegt werden.

Für Kriterium 7 werden in der EFQM-Methode 90 Punkte oder 9 % der Gesamtpunktzahl vergeben.

Basis in der Normengruppe DIN EN ISO 9000 ff

Die Mitarbeiterzufriedenheit ist als Meßgröße in der Normengruppe DIN EN ISO 9000 ff an keiner Stelle gefordert. Dennoch ist die Zufriedenheit der Mitarbeiter im Sinne des EFQM-Befähiger-Kriteriums „Mitarbeiterorientierung" Gegenstand vieler Ausführungen der Normengruppe. Beispielhaft sei hier lediglich das Kapitel 18 „Personal" der Norm DIN EN ISO 9004-1 genannt.

Zuordnung zu Normelementen der DIN EN ISO 9001

Die Darstellung der Mitarbeiterzufriedenheitsdaten sollte in einer bestehenden QM-Dokumentation als Anhang zum QM-Handbuch dienen, denn es ist zu bedenken, daß QM-Handbücher meist auch an Unternehmensexterne gegeben werden, z. B. im Rahmen der Akquise, so daß man sich die Frage stellen muß, ob die Daten für die Veröffentlichung nicht zu sensitiver Natur sind. Generell gehört die Mitarbeiterzufriedenheit zum Normelement 4.18 der DIN EN ISO 9001.

Unterpunkte des Kriteriums

7 a. Beurteilung aus der Sicht der Mitarbeiter
    1. Motivation
    2. Zufriedenheit

7 b. Zusätzliche Meßgrößen
    1. Motivation und Mitwirkung

2. Zufriedenheit
3. Dienstleistungen für die Mitarbeiter

EFQM-Anforderungen je Unterpunkt

7 a. Die Beurteilung der Organisation aus Sicht der Mitarbeiter

Ansatzpunkte könnte die Beurteilung folgender Aspekte (z. B. anhand von Umfragen, strukturierten Beurteilungsgesprächen, Fokusgruppen etc.) sein:

- Motivation
  - Aufstiegsmöglichkeiten
  - Gelegenheiten, zu lernen und etwas zu leisten
  - Kommunikation
  - Anerkennung
  - Autorisierung (Empowerment)
  - Zielsetzung und Beurteilung
  - Chancengleichheit
  - Werte, Mission, Vision, Politik und Strategie der Mitwirkung
  - Organisation
  - Führung
  - Aus- und Weiterbildung
- Zufriedenheit
  - Unternehmensführung
  - Anstellungsbedingungen
  - Einrichtungen und Dienstleistungen
  - Gesundheits- und Arbeitssicherheitsbedingungen
  - Sicherheit des Arbeitsplatzes
  - Entlohnung und Sozialleistungen
  - Verhältnis zu Kollegen
  - die Führung des Wandels
  - Umweltschutzpolitik der Organisation und deren Auswirkungen
  - die Rolle des Unternehmens in der Gemeinschaft und der Gesellschaft
  - Betriebsklima

7 b. Zusätzliche Meßgrößen, die sich auf die Zufriedenheit der Mitarbeiter mit der Organisation beziehen.

Ansatzpunkte könnten Meßgrößen sein, die die Organisation verwendet, um die Zufriedenheit und die Mitwirkung ihrer Mitarbeiter zu verstehen, vorherzusagen und zu verbessern, und zwar bezüglich folgender Aspekte:

- Motivation und Mitwirkung
- Mitwirkung in Verbesserungsteams
- meßbarer Nutzen der Teamarbeit

- Beteiligung am Vorschlagswesen
- Anerkennung von einzelnen und Teams
- Niveau der Aus- und Weiterbildung
- Rücklaufraten bei Mitarbeiterumfragen
- Zufriedenheit
  - Abwesenheit und Krankheit
  - Arbeitsunfallhäufigkeit
  - Beschwerden von Mitarbeitern
  - Einstellungstrends
  - Personalfluktuation
  - Streiks
  - Inanspruchnahme von Sozialleistungen
  - Inanspruchnahme betrieblicher Einrichtungen (z. B. zur Erholung, Kinderkrippen)
- Dienstleistungen für die Mitarbeiter der Organisation
  - Genauigkeit der Personalsysteme
  - Effektivität der Kommunikation
  - Reaktionszeit auf Anfragen
  - Bewertung der Schulung

Umsetzungshinweise je Unterpunkt

Die Ermittlung der Zufriedenheit der eigenen Mitarbeiter ist von sehr großer Bedeutung für den Erfolg eines Unternehmens. Es besteht – wie bereits an anderer Stelle ausgeführt – ein enger Zusammenhang zwischen der Mitarbeiterzufriedenheit und der Kundenzufriedenheit. Verschlechtert sich aus irgendwelchen Gründen die Mitarbeiterzufriedenheit, so vergehen ca. 2 Jahre, bis die Kundenzufriedenheit folgt. Kundenzufriedenheit scheint eine Größe zu sein, die sehr stark von der Mitarbeiterzufriedenheit abhängt. Deshalb ist die Verbesserung der Kundenzufriedenheit nur möglich, wenn gleichzeitig die Mitarbeiterzufriedenheit bzw. die Mitarbeiterorientierung in Angriff genommen wird.

Die Ermittlung der Zufriedenheit der Mitarbeiterschaft ist ein problematisches Feld, denn es spielen hier Ängste vor Überwachung etc. mit eine Rolle. Leider Gottes ist der Großteil der Unternehmen (noch) nicht von einem angstfreien Arbeitsumfeld gekennzeichnet. Deshalb spielt die Frage der Anonymität bei Mitarbeiterumfragen eine große Rolle. Es ist demzufolge immer anzuraten, hier die mitbestimmenden Gremien umfassend zu beteiligen. Es kann sinnvoll sein, eine Mitarbeiterbefragung durch Externe durchführen zu lassen, um eben diese Ängste zurückzudrängen.

Die inhaltlichen Aspekte einer Mitarbeiterbefragung können aus den Ansatzpunkten des EFQM-Unterpunktes 7 a abgeleitet werden. Darüber hinaus sollte eine Mitarbeiterbefragung auch immer eine Bewertung des direkten Managements beinhalten, denn nur so kann auch eine Führungskraft Informationen bezüglich des eigenen Verantwortungsbereiches gewinnen. Selbstverständlich ist eine Auswertung bei gleichzeitiger Wahrung der Anonymität ab einer gewissen „Kleinheit" der Organisationseinheit nicht mehr möglich. Generell gilt auch hier, daß man genügend Raum für Kommentare vorsieht. Eine weitere Frage, die sich bei der Durchführung von Mitarbeiterbefragungen stellt, ist ab einer gewissen Unternehmensgröße die nach der zu befragenden Stichprobe. Es sollten bei der Festlegung einer Stichprobe einige Aspekte auf jeden Fall beachtet werden: Die Auswahl sollte nach dem Zufallsprinzip geschehen und nicht auf Vorschlag. Weiter sollte die geographische, hierarchische und produktorganisatorische Gestalt des Unternehmens repräsentativ abgedeckt sein. Dies bedeutet, es dürfen in einem großen, deutschlandweit präsenten Unternehmen eben nicht überwiegend Mitarbeiter in einem bestimmten Bundesland oder ausschließlich operative Mitarbeiter ohne Führungsverantwortung oder nur Mitarbeiter einer bestimmten Produktsparte befragt werden. Eigentlich eine Selbstverständlichkeit ist die Anmerkung, daß die Art der Mitarbeiterbefragung nicht jedesmal geändert werden sollte, um Erkenntnisse bzgl. der zeitlichen Entwicklung der abgefragten Aspekte zu ermöglichen. Bereits bei der Abfrage der Mitarbeiterzufriedenheit ist die Relevanz der ausgewiesenen Meßwerte zu diskutieren bzw. nachzuweisen.

Jedes Unternehmen verfügt über Daten, aus denen sich Rückschlüsse auf die Zufriedenheit der Mitarbeiter ziehen lassen.

12.8 EFQM-Kriterium 8: Gesellschaftliche Verantwortung/Image

Allgemeine Beschreibung des Kriteriums

EFQM erweitert hier den Wirkungsbereich eines Unternehmens über die sonst betrachteten Interessengruppen wie Lieferanten, Kunden und Anteilseigner auf die gesamte Gesellschaft, die Auswirkungen der unternehmerischen Tätigkeit spürt. Das amerikanische Modell MBNQA spricht hier von der „corporate citizenship", versteht also die juristische Person eines Unternehmens als Staatsbürger und fragt nach den Wirkungen, die diese juristische Person auf die Mitwelt hat. EFQM wählt einen ähnlichen Ansatz. Nicht zuletzt angesichts verschiedener Katastrophen wie Seweso, sondern auch aufgrund der gegenwärtigen ökologischen Krise ist eine solche Frage sicherlich berechtigt.

Auch bei diesem EFQM-Kriterium sollen Meßgrößen eine Aussage über die zeitliche Entwicklung der gesellschaftlichen Auswirkungen der unternehmerischen Tätigkeit machen. Wie bei den anderen Ergebniskriterien ist auch hier der Vergleich mit anderen Unternehmen gefordert (Benchmarking). Weiter soll eine Aussage darüber gemacht werden, inwieweit die ausgewiesenen Werte die Inhalte des vorliegenden EFQM-Kriteriums tatsächlich betreffen, die Relevanz der angegebenen Werte muß also nachgewiesen werden.

Für Kriterium 8 „Gesellschaftliche Verantwortung/Image" werden in der EFQM-Methode 60 Punkte oder 6 % der Gesamtpunktzahl vergeben.

Basis in der Normengruppe DIN EN ISO 9000 ff

Die Normengruppe DIN EN ISO 9000 ff macht sehr wenige Aussagen zu den Inhalten des vorliegenden EFQM-Kriteriums. Es findet sich lediglich in der DIN EN ISO 9004-1 eine Definition des Begriffes „Forderungen der Gesellschaft" und die Forderung nach der „Beseitigung oder Wiederaufarbeitung" von Produkten am Ende der Nutzungsdauer.

Zuordnung zu Normelementen der DIN EN ISO 9001

Eine Zuordnung zu einem bestimmten Normelement der DIN EN ISO 9001 oder einem bestimmten Abschnitt in einer bestehenden QM-Dokumentation, die dem Aufbau der Norm folgt, ist nicht eindeutig festzulegen, da es in dieser Norm kein Kapitel gibt, das die Inhalte des vorliegenden EFQM-Kriteriums anspricht. Da es sich um ein Ergebniskriterium handelt, dessen ausgewiesene Werte u. U. nicht einer breiten Öffentlichkeit verfügbar gemacht werden sollen, würde es Sinn machen, die entsprechenden Inhalte in den Anhang einer solchen QM-Dokumentation zu geben.

Unterpunkte des Kriteriums

8 a. Beurteilung durch die Gesellschaft
1. Unternehmen als Mitbürger
2. Mitwirkung in der Gemeinschaft
3. Minimierung von Schäden durch die Geschäftstätigkeit
4. Maßnahmen zur Ressourcenschonung

8 b. Zusätzliche Meßgrößen
1. Verkehr mit Behörden
2. Einsatz formaler Managementsysteme
3. Integration der Interessen der Gesellschaft

EFQM-Anforderungen je Unterpunkt

8 a. Wie die Gesellschaft die Organisation beurteilt.

Ansatzpunkte könnten sein, wie die Gesellschaft (z. B. bei Umfragen, in Berichten, öffentlichen Veranstaltungen, durch Vertreter der Öffentlichkeit, Behörden etc.) die Organisation bezüglich folgender Aspekte beurteilt:

- Verhalten als verantwortungsbewußter Mitbürger:
  - Bekanntgabe von Informationen, die für die Gemeinschaft relevant sind
  - Praktiken bzgl. Chancengleichheit
  - Auswirkungen auf die lokale und nationale Wirtschaft
  - Verhältnis zu den maßgeblichen Behörden
- Mitwirkung in der Gemeinschaft des Standorts:
  - Mitwirkung bei Aus- und Weiterbildung
  - Unterstützung der Gesundheits- und Wohlfahrtseinrichtungen
  - Unterstützung von Sport- und Freizeitaktivitäten
  - Freiwilliger Arbeitseinsatz und Wohltätigkeit
- Maßnahmen, um Belästigungen und Schäden infolge ihrer Geschäftstätigkeit und/oder während der Lebensdauer ihrer Produkte zu vermindern und zu vermeiden:
  - Gesundheitsrisiken und Unfälle
  - Lärm- und Geruchsbelästigungen
  - Unfälle (Sicherheit)
  - Umweltverschmutzung und giftige Emissionen
- Angaben über Maßnahmen, welche zur Schonung und nachhaltigen Bewahrung von Ressourcen beitragen:
  - Wahl des Transports
  - Auswirkung auf die Umwelt

- Verminderung und Vermeidung von Abfall und Verpackungsmaterial
- Substitution von Rohstoffen und anderen Betriebsmitteln
- Verbrauch an Energie, Rohstoffen und wiederverwertbarem Material

- Erhaltene Auszeichnungen und Preise

8 b. Zusätzliche Meßgrößen, welche sich auf die Zufriedenheit der Gesellschaft mit der Organisation beziehen.

Ansatzpunkte könnten interne Meßgrößen sein, die sich auf die Aspekte unter 8 a beziehen, sowie Meßgrößen, welche die Organisation verwendet, um die Zufriedenheit der Gesellschaft zu verstehen, vorherzusagen und zu verbessern, z. B. bezüglich folgender Aspekte:

- Verhalten bei Restrukturierungsmaßnahmen

- Verkehr mit Behörden bei Belangen wie z. B.
  - Zertifizierung
  - Unbedenklichkeitsbescheinigung
  - Import/Export
  - Planung
  - Produktezulassungen

- Einsatz von formalen Managementsystemen (z. B. Umweltmanagement- und Auditsystem)

- Integration der Interessen der Gesellschaft in die Geschäftstätigkeit, so daß die Zufriedenheit von Kunden, Mitarbeitern und Aktionären gesteigert wird

Umsetzungshinweise je Unterpunkt

Die Art der Geschäftstätigkeit eines Unternehmens entscheidet im wesentlichen über die Bereiche, in denen ein Unternehmen als „Corporate Citizen" auftritt. Ein Unternehmen der Chemieindustrie wird über die Auswirkungen seiner Geschäftstätigkeit in anderer Weise mit Ergebnissen berichten als ein Unternehmen des Weiterbildungssektors. Deshalb können beim vorliegenden EFQM-Kriterium allgemeingültige Umsetzungshinweise nur sehr beschränkt gegeben werden. Selbstverständlich wird ein Unternehmen gleich welcher Branche über sein Engagement für die örtlichen Vereine, sein eventuelles Stipendienprogramm für hochbegabte Schüler oder Studenten aus der näheren Umgebung berichten können. Aber schon Punkte, die die Schonung der Umweltressourcen betreffen, haben bei einem Unternehmen mit chemischer oder gar gentechnischer Produktion einen völlig anderen Stellenwert als bei einem Unternehmen in der Gebäudereinigung.

12.9 EFQM-Kriterium 9: Geschäftsergebnisse

Allgemeine Beschreibung des Kriteriums

Unternehmen haben in unserer Wirtschaftsordnung den Sinn, Gewinne zu machen. Um das Gesamtbild, das ein Unternehmen abgibt, deshalb komplett in einem Unternehmensführungsmodell abzubilden, und um ein solches Modell handelt es sich bei EFQM, kann deshalb auf die Darstellung des unternehmerischen Ergebnisses nicht verzichtet werden. Das vorliegende Kriterium hat genau das Unternehmensergebnis zum Inhalt.

Selbstverständlich handelt es sich dabei um ein Ergebniskriterium, so daß die zeitliche Entwicklung der Unternehmensergebnisse ausgewiesen werden müssen sowie der Vergleich zu anderen vergleichbaren Unternehmen.

Für Kriterium 9 „Geschäftsergebnisse" werden in der EFQM-Methode 150 Punkte oder 15 % der Gesamtpunktzahl vergeben.

Basis in der Normengruppe DIN EN ISO 9000 ff

Es existiert in der Normengruppe DIN EN ISO 9000 ff keine Norm, die explizit die Unternehmensergebnisse zum Inhalt hat. Die DIN EN ISO 9004-1 spricht in ihrem Kapitel 6 „Finanzielle Überlegungen zu QM-Systemen" jedoch Aspekte an, die inhaltlich zu dem vorliegenden EFQM-Kriterium gehören. Die dort formulierten Anforderungen und Anregungen decken jedoch lediglich einen Ausschnitt dessen ab, was in Kriterium 9 gefordert wird, und beziehen sich sehr stark auf die Ermittlung und Analyse der Qualitätskosten.

Zuordnung zu Normelementen der DIN EN ISO 9001

Auch hier ist aufgrund des Fehlens der Inhalte des vorliegenden EFQM-Kriteriums in der Bezugsnorm DIN EN ISO 9001 für viele QM-Dokumentationen keine Empfehlung hinsichtlich der Zuordnung zu einem bestimmten Handbuchkapitel möglich. Da es sich bei den hier auszuweisenden Geschäftsergebnissen in aller Regel zumindest teilweise um sensitive Informationen handelt, ein QM-Handbuch jedoch auch nach außen gelangt, kann auch hier wie bei den anderen Ergebniskriterien die Empfehlung nur lauten, diese Informationen in den Anhang des bestehenden QM-Handbuches, der nicht nach extern gelangt, zu integrieren.

Unterpunkte des Kriteriums

9 a. Finanzielle Meßgrößen für den Unternehmenserfolg
    1. Gewinn- und Verlustrechnung
    2. Bilanzdaten
    3. Daten aus der Mittelflußrechnung

9 b. Zusätzliche Meßgrößen
   4. Marktanteil
   5. Daten aus Schlüsselprozessen

EFQM-Anforderungen je Unterpunkt

9 a. Die finanziellen Meßgrößen für die Leistungen der Organisation. Ansatzpunkte könnten Informationen über folgende Aspekte sein:
- Daten aus der Gewinn- und Verlustrechnung, inklusive:
  - Bruttomargen
  - Umsatz
  - Nettogewinn
- Daten aus der Bilanz, inklusive:
  - Langfristiges Fremdkapital
  - Total Aktiva
  - Eigenkapital
  - Umlaufvermögen (inkl. Lagerbestandsumschlag)
- Daten aus der Mittelflußrechnung, inklusive:
  - Investitionen
  - Operativer Mittelfluß
  - Finanzierung des Mittelflusses
- Andere relevante Indikatoren, inklusive:
  - Eigenkapitalrendite
  - Bonitätsbeurteilungen
  - langfristiger Wert für die Aktionäre (Gesamtrendite), Wertschöpfung
  - Gesamtkapitalrendite

9 b. Die zusätzlichen Meßgrößen für die Leistungen der Organisation. Ansatzpunkte könnten Meßgrößen für die Effizienz und Effektivität der Leistung der Organisation sein. Die Meßgrößen könnten Bezug auf die bei den Befähigern, speziell in den Kriterien 4 und 5 beschriebenen Schlüsselprozesse nehmen.

Ansatzpunkte könnten Meßgrößen für die Leistung bezüglich folgender Aspekte sein:
- Leistung insgesamt
  - Marktanteil
- Schlüsselprozesse
  - Durchlaufzeit
  - Produktivität
  - Fehlerrate

- Reifegrad
- Entwicklungszeit bis zur Markteinführung
- Information
  - Zugänglichkeit
  - Integrität
  - Relevanz
  - rechtzeitige Verfügbarkeit
- Lieferanten und Material
  - Fehlerrate
  - Leistung insgesamt
  - Lagerbestandsumschlag
  - Preis
  - Reaktionszeit
  - Verbrauch an Versorgungsleistungen (Wasser, Energie etc.)
- Vermögenswerte
  - Abschreibung
  - Unterhaltskosten
  - Auslastung
- Technologie
  - Innovationsrate
  - Patente
  - Lizenzen

Umsetzungshinweise je Unterpunkt

Die Umsetzung der Inhalte des Unterpunktes 9 a braucht nicht weiter diskutiert zu werden, es handelt sich hier um Finanzdaten, die in der Regel in Unternehmen ab einer gewissen Größenordnung vorhanden sein dürften. Entsprechende Daten anderer Unternehmen können häufig sogar aus den Geschäftsberichten dieser Organisationen entnommen werden, so daß ein entsprechender Unternehmensvergleich vorhanden ist.

Die angesprochenen zusätzlichen Meßgrößen des Unterpunktes 9 a stellen meist nur Ergebnisdarstellungen von Prozessen dar, die in den Befähigerkriterien angesprochen sind.

12.10 Abschließende Betrachtungen

Nach der detaillierten Betrachtung aller Kriterien des EFQM-Modells soll nun die Frage aufgeworfen werden, ob eine einheitliche Punktbewertung für Unternehmen aller Größen und Branchen richtig und sinnvoll ist. Einerseits soll das EFQM-Modell selbstverständlich den Vergleich des Qualitätsstatus unterschiedlicher Unternehmen ermöglichen. Soll dies möglich sein, so ist es unabdingbar, daß diese Unternehmen anhand eines einheitlichen Maßstabes bewertet werden. Dann ist die vorgegebene Punktebewertung des EFQM-Modells unabdingbar.

Andererseits unterscheidet sich die Bedeutung der Inhalte einzelner EFQM-Kriterien von Unternehmen zu Unternehmen gravierend. Es ist wohl selbstverständlich, daß sich die Problematik der Umweltbelastung durch die unternehmerische Tätigkeit bei einem Betrieb der papiererzeugenden Industrie völlig anders darstellt als bei einem Unternehmen, das Dienstleistungen im Bereich der EDV anbietet. Ein anderes Beispiel für diese Problematik kann bei einem Unternehmen im Bereich Telefonmarketing gefunden werden, bei dem ebenfalls die Umweltauswirkungen der Tätigkeit weniger gravierend sein können, wo aber dafür die Inhalte der Kriterien „Mitarbeiterorientierung" und „Mitarbeiterzufriedenheit" an Bedeutung gewinnen, da die Qualität einer Dienstleistung zu einem großen Teil von der Qualifikation und Motivation des sie erbringenden Personals abhängt. Deshalb kann man einige Argumente dafür finden, die Punktegewichte des EFQM-Modells für die unternehmensinterne Entwicklung hin zu TQM zu verschieben. Man muß sich aber immer darüber im klaren sein, daß, sobald eine Bewerbung für den Qualitätspreis geschrieben wird, die offizielle Punktebewertung zur Basis der Erfolgsmessung gemacht werden muß.

Eine weitere Frage ist die nach der umfassenden Anwendbarkeit des EFQM-Modells auf Kleinstunternehmen. Auch hier gibt es aus der Erfahrung des Verfassers Grenzen, bei denen eine strikte und komplette Anwendung sämtlicher Unterpunkte und aller angegebenen Ansatzpunkte zumindest teilweise an Sinn einbüßt. Ein Beispiel hierfür sind die Inhalte des Befähigerkriteriums 5 „Prozesse". In einem Kleinstunternehmen von angenommenen 3 Mitarbeitern stellt sich beispielsweise die Frage prozessualer Schnittstellen völlig anders dar, als dies in größeren, stärker arbeitsteilig organisierten Unternehmen der Fall ist. In solchen Fällen muß eine sinngemäße und pragmatische Übertragung auf Kleinstunternehmen vorgenommen werden.

Diese Übertragung wird von EFQM durch die Formulierung eines vereinfachten und auf Kleinunternehmen angepaßten Unternehmensführungsmodells unterstützt. Die wichtigsten Unterschiede zum bisher diskutierten Gesamtmodell werden im folgenden Abschnitt angesprochen. Generelle Aussagen hinsichtlich der Anwendbarkeit der TQM-Philosophie auf kleine und mittlere Unternehmen finden sich bereits in Kapitel 7 des vorliegenden Buches.

12.11 EFQM und Kleinunternehmen

Wie bereits erwähnt, sieht EFQM ein vereinfachtes Modell für Kleinunternehmen vor. Dabei wird die Kriterieneinteilung beibehalten, die Anzahl der Unterpunkte ist jedoch bei manchen Kriterien geringer, und auch der Funktionsumfang der einzelnen Unterpunkte ist gegenüber dem Gesamtmodell für größere Unternehmen eingeschränkt. Der prozentuale Anteil der einzelnen Kriterien bzgl. der Bewertung des Qualitätsstandes eines Unternehmens entspricht beim vereinfachten Qualitätsmodell für Kleinunternehmen dem des Gesamtmodells.

Die Unterschiede in den Kriterien zwischen Gesamtmodell und „vereinfachtem" Modell sind wie folgt:

Kriterium 1 „Führung"

Das Kriterium wird in lediglich 2 Unterpunkte gegenüber 4 beim Gesamtmodell eingeteilt. Dabei finden sich alle Inhalte des Unterpunktes 1 a (Engagement der Führungskräfte für TQM) auch im vereinfachten Modell. Die Inhalte der Unterpunkte 1 b, 1 c und 1 d sind beim vereinfachten Modell zu einem Unterpunkt 1 b zusammengefaßt. Dieser umfaßt jedoch nur die für kleine Unternehmen relevanten Aspekte des Gesamtmodells. Es ist völlig klar, daß in einem kleinen Unternehmen die Einsetzbarkeit von Laufbahnplanungssystemen sehr schnell an Grenzen stößt. Deshalb wurde gerade dieser Aspekt für kleine Unternehmen stark eingeschränkt. Auch die Bereitstellung operativer Mittel für die Durchführung von Verbesserungsaktivitäten wurde im Umfang auf einen für Kleinunternehmen relevanten Umfang reduziert. Ähnliches gilt für die Einbeziehung von Kunden und Lieferanten.

Kriterium 2 „Politik und Strategie"

Dieses Kriterium wird beim vereinfachten Modell „Strategie und Planung" genannt. Dieser Unterschied macht deutlich, daß Kleinunternehmen hinsichtlich ihrer Wirkung nach außen (Politik) anders zu bewerten sind als große.

Das Modell für Kleinunternehmen weist lediglich 3 Unterpunkte aus (Gesamtmodell 4). Dabei ist der Unterpunkt 2 b des Gesamtmodells („wie Politik und Strategie entwickelt werden") an die Unternehmensgröße angepaßt und in den Unterpunkt 1 a eingegliedert. Die sonstigen Aspekte sind nahezu unverändert auch im KMU-Modell vorhanden.

Kriterium 3 „Mitarbeiterorientierung"

Die 6 Unterpunkte des Gesamtmodells sind beim KMU-Modell auf 2 Unterpunkte reduziert. Dabei liegen die Hauptansatzpunkte in einer „beherrschten" Durchführung von Personalplanungsmaßnahmen sowie in einer geeigneten Behandlung und Einbeziehung der Mitarbeiter, die Motivation möglich machen.

Die Gesichtspunkte „Führen durch Zielsetzung", „Autorisierung", „Kommunikation" und „Sorge für Mitarbeiter" sind beim KMU-Modell auf ein relevantes Maß reduziert und in die beiden vorhandenen Unterpunkte integriert.

Kriterium 4 „Ressourcen"

Beim Kriterium 4 wurden die Inhalte der Unterpunkte 4 d (Handhabung des Anlagevermögens) und 4 e (Handhabung von Technologie und geistigem Eigentum) zusammengefaßt und inhaltlich auf die Größe kleiner Unternehmen angepaßt.

Kriterium 5 „Prozesse"

In Kriterium 5 gibt es gravierende Unterschiede zwischen dem Gesamtmodell und dem für KMU. Zunächst ist das Verständnis bei KMU, daß es hier sehr häufig nur einen Hauptprozeß zur Erzeugung der Produkte und Dienstleistungen geben wird. Weiter spielen anerkannte Regelwerke (wie ISO 9000) hier eine größere Rolle als beim Gesamtmodell. Die Orientierung an Kundenerwartungen wird beim KMU-Modell an dieser Stelle deutlich hervorgehoben.

Weil die Unterschiede gerade beim Kriterium Prozesse sehr stark sind, seien hier die Unterpunkte des KMU-Modells aufgeführt:

1 a. Orientierung an Kundenerwartungen

- Untersuchung von Kundenerwartungen und Markttrends
- Kundenfeedback zur Verbesserung der Produkte und Dienstleistungen
- Messung der Kundenzufriedenheit
- Kundenpartnerschaften

1 b. Management des Qualitätssystems

- QM-System zur Verbesserung von Produkten und Dienstleistungen
- Nutzung anerkannter Regelwerke (z. B. ISO 9000)

1 c. Management der Schlüsselprozesse

- Zuständigkeiten, Leistungsnormen für Produkte und Dienstleistungen, Vorhandensein einer aktuellen Prozeßbeschreibung
- Garantie konstanter Lieferung
- Entwicklung neuer Produkte und Dienstleistungen

1 d. Management des Prozesses der kontinuierlichen Verbesserung

- Identifikation von Verbesserungsbereichen
- Leistungsindikatoren für Prozesse, Ziele für Verbesserungen
- Anwendung geeigneter Qualitätswerkzeuge
- Einführung von Veränderungen

Kriterium 6 „Kundenzufriedenheit"

Die Inhalte des Modells für KMU sind mit denen des Gesamtmodells bei Kriterium 6 identisch. Es wurden lediglich an einigen wenigen Stellen bei den genannten Ansatzpunkten Begriffe verwendet, die auf KMU besser zutreffen.

Kriterium 7 „Mitarbeiterzufriedenheit"

Auch bei diesem Kriterium wurden die Inhalte des Gesamtmodells lediglich für KMU angepaßt. Dabei wurde berücksichtigt, daß Aspekte wie der Einsatz von Laufbahnplanungssystemen etc. bei KMU an enge Grenzen stoßen.

Kriterium 8 „Gesellschaftliche Verantwortung/Image"

Das Kriterium wird im KMU-Modell mit „Einfluß auf die Gesellschaft" überschrieben. Damit wird den gegenüber großen Unternehmen deutlich reduzierten Auswirkungen der Geschäftstätigkeit kleiner und mittlerer Unternehmen auf die Gesellschaft Rechnung getragen. Im KMU-Modell wird nicht in einzelne Unterpunkte unterschieden. Vielmehr werden Ansatzpunkte genannt, die sich auf die Aspekte Umweltschutz, Betriebssicherheit und soziales Engagement beziehen.

Kriterium 9 „Geschäftsergebnisse"

Auch bei diesem Kriterium wurden im wesentlichen die Ansatzpunkte an die Bedürfnisse von KMU angepaßt. Es gibt keine inhaltlichen Unterschiede zu den Anforderungen, die EFQM an größere Unternehmen formuliert.

13 Assessment und Bewerbung

Die Selbstbewertung

Das Qualitätsmodell der EFQM sieht als Meßmethode für die Weiterentwicklung eines Unternehmens die Durchführung einer Selbstbewertung vor. Diese beruht auf der Bewertung des Qualitätsstatus jedes einzelnen Unterpunktes. Es ergibt sich als Ergebnis ein Bild, das klare Aussagen darüber ermöglicht, welches einerseits die Stärken des Unternehmens gemessen am EFQM-Qualitätsmodell sind. Andererseits werden die Verbesserungspotentiale eindeutig erkennbar.

Bei der Bewertung der Kriterien und Unterpunkte sieht EFQM eine unterschiedliche Vorgehensweise bei den Befähigern und den Ergebnissen vor. Bei den Befähiger-Kriterien wird eine Bewertung der beiden Aspekte

- Vorgehen und
- Umsetzung

durchgeführt. Unter Vorgehen ist dabei eine Einschätzung hinsichtlich des Vorhandenseins einer strukturierten Methode zur Erreichung des Inhaltes des zu bewertenden Unterpunktes zu geben. Bei der Bewertung der Umsetzung wird die Frage beantwortet, ob die ggf. vorhandene strukturierte Methode auch tatsächlich durchgeführt wird. So könnte beispielsweise ein Unternehmen über eine strukturierte und umfassende Methode zur Befragung seiner Mitarbeiter verfügen (Unterpunkt 3 a), diese jedoch nur bei einer kleinen Anzahl von Mitarbeitern tatsächlich durchführen (kleine Stichprobengröße). Dann wäre der Aspekt „Vorgehen" mit einer guten Einschätzung zu bewerten, der der „Umsetzung" würde mit einer etwas weniger guten Bewertung versehen werden.

Die Bewertungsstufen bei „Vorgehen" und „Umsetzung" gibt EFQM ebenfalls vor. Es wird jeweils in Stufen von 0 %, 25 %, 50 %, 75 % und 100 % der Erfüllungsgrad bewertet. Die Beschreibungen der einzelnen Erfüllungsgrade können der EFQM-Literatur entnommen werden. Deshalb sei hier lediglich jeweils eine Definition genannt und kommentiert. Die Vergabe eines Erfüllungsgrades von 50 % ist durch EFQM bei den Befähigerkriterien wie folgt definiert:

Vorgehen: *Nachweis für fundiertes, systematisches Vorgehen und auf Vorbeugung beruhende Systeme. Wird regelmäßig auf geschäftliche Effektivität überprüft. Gute Integration in die normale Geschäftstätigkeit und Planung.*

Es ist also zunächst nachzuweisen, daß es ein systematisches Vorgehen gibt, das jedoch auch präventiv gestaltet ist. Weiter muß dieses Vorgehen in die normale Geschäftstätigkeit integriert sein. Im Beispiel der bereits genannten Mitarbeiterbefragung könnte dies so aussehen, daß sie in systematischer Weise zu definierten Zeitpunkten vor der Festlegung der Politik und Strategie und vor der

Festlegung geschäftlicher Prioritäten für die nächste Periode durchgeführt wird, um eine Reaktion auf die Umfrageergebnisse zu ermöglichen.

Umsetzung *Bei etwa der Hälfte des Potentials angewandt, wenn man alle relevanten Bereiche und Tätigkeiten berücksichtigt.*

Diese Definition muß nicht weiter kommentiert werden.

Bei den Ergebniskriterien und ihren Unterpunkten werden die Aspekte

- Ergebnisse und
- Umfang

eingeschätzt. Dabei ist unter dem Aspekt „Ergebnisse" die Qualität der ausgewiesenen Ergebnisse zu verstehen, es wird also bewertet, wie gut diese sind. Umfang der Ergebnisse bedeutet eine Einschätzung der Relevanz des ausgewiesenen Ergebnisses in bezug auf die Inhalte des einzuschätzenden Unterpunktes. Auch hierzu ein kleines Beispiel. Es könnte eine Organisation unter dem Ergebniskriterium „Mitarbeiterzufriedenheit" und hier bei Unterpunkt 7 b (zusätzliche Meßgrößen) die zeitliche Entwicklung der Fluktuationsrate ausweisen. Es sei angenommen, daß diese sich seit mehr als 3 Jahren auch im Vergleich zu anderen Unternehmen eindeutig zum Positiven entwickelt. Dann würde dieses Ergebnis unter dem Aspekt „Qualität des Ergebnisses" eine positive Bewertung finden. Unter dem Aspekt des Umfanges müßte jedoch diskutiert werden, warum eine solche Meßgröße in einem Umfeld, das geprägt ist von Ängsten vor Arbeitsplatzverlust, als relevant hinsichtlich der Mitarbeiterzufriedenheit betrachtet wird.

Auch bei den Ergebniskriterien werden die beiden Aspekte in Stufen von 25 % bewertet. Auch hier sei lediglich jeweils die 50 %-Stufe beispielhaft genannt und kommentiert:

Qualität der Ergebnisse:

> *Viele Ergebnisse weisen positive Trends und/oder anhaltend gute Leistungen über mindestens drei Jahre auf. In vielen Bereichen günstige Vergleiche mit den eigenen Zielen. Einige Vergleiche mit externen Organisationen. Einige Ergebnisse sind auf das Vorgehen zurückzuführen.*

Viele der ausgewiesenen Ergebnisse müssen also seit mindestens 3 Jahren als gut zu betrachten sein und/oder sich verbessern. Weiter müssen für die ausgewiesenen Meßgrößen auch Zielwerte festgelegt und erreicht oder überschritten worden sein. Auch müssen zumindest für einige der Meßgrößen auch Daten aus anderen Unternehmen vorliegen, und es muß erkennbar sein, daß die positive Entwicklung nicht durch Zufall zustande kam, sondern auf das Vorgehen der Organisation zurückzuführen ist.

Umfang: *Ergebnisse betreffen viele relevante Bereiche und Tätigkeiten.*

Auch diese Definition braucht nicht weiter kommentiert zu werden.

Bei der Punktvergabe nach Unterpunkten hat generell innerhalb eines Kriteriums jeder Punkt eines Kriteriums das gleiche Gewicht, die Gesamtpunktzahl des Kriteriums wird als unter den Unterpunkten arithmetisch gemittelt. Dabei gibt es jedoch bei den Ergebniskriterien 3 Ausnahmen:
- auf Unterpunkt 6 a entfallen 75 % der für Kriterium 6 vergebenen Punkte
- auf Unterpunkt 6 b entfallen 25 % der für Kriterium 6 vergebenen Punkte
- auf Unterpunkt 7 a entfallen 75 % der für Kriterium 7 vergebenen Punkte
- auf Unterpunkt 7 b entfallen 25 % der für Kriterium 7 vergebenen Punkte
- auf Unterpunkt 8 a entfallen 75 % der für Kriterium 8 vergebenen Punkte
- auf Unterpunkt 8 b entfallen 25 % der für Kriterium 8 vergebenen Punkte

Sind die Prozentwerte der beiden Aspekte bei der Selbsteinschätzung ermittelt, so werden sie miteinander multipliziert und das Ergebnis auf die Punktzahl des einzuschätzenden Unterpunktes angewendet. Die Punktzahlen der Unterpunkte ergeben sich aus der Division der Gesamtpunktzahl des Kriteriums durch die Anzahl der Unterpunkte des Kriteriums. Auch hierzu ein erläuterndes Beispiel:

Bewertet werden soll Unterpunkt 3 b des Befähigerkriteriums „Mitarbeiterorientierung". Das Kriterium umfaßt im ganzen 90 Punkte und besteht aus 6 Unterpunkten. Damit sind je Unterpunkt 90 Punkte/6 Unterpunkte = 15 Punkte für den Unterpunkt 3 b zu vergeben. Es sei angenommen, daß die vorhandenen Vorgehensweisen eine Bewertung von 50 % rechtfertigen, die Umsetzung sogar in 75 % der Organisation realisiert wird. Dann ergibt sich der folgende Punktwert:

50 % x 75 % x 15 Punkte = 5,625 Punkte

Die Rechnung zeigt deutlich, daß es sinnvoll ist, erst auf der Ebene der Kriterien die mathematische Rundung durchzuführen.

Die Durchführung einer Selbstbewertung wird von den dazu ausgebildeten Projektmitarbeitern durchgeführt. EFQM sieht mehrere Formen der Selbstbewertung vor. In der Praxis hat sich die Selbstbewertung mittels Standardformularen bewährt. Diese Selbstbewertungsmethode hat den Vorteil, daß sie keinen zu hohen Schulungsaufwand erfordert und daß die Ergebnisse der Selbstbewertung eindeutig den Inhalten der EFQM-Methode zugeordnet sind und gleichzeitig dokumentiert werden. Auch strukturiert die Verwendung der Formulare im Falle der Durchführung durch mehrere Personen die dann notwendige Konsensfindung. Dabei wird je Unterpunkt des EFQM-Modells ein separates Standardformular entwickelt und eingesetzt. Ein solches EFQM-Standardformular für den Unterpunkt 1 a ist auf Seite 84 dargestellt.

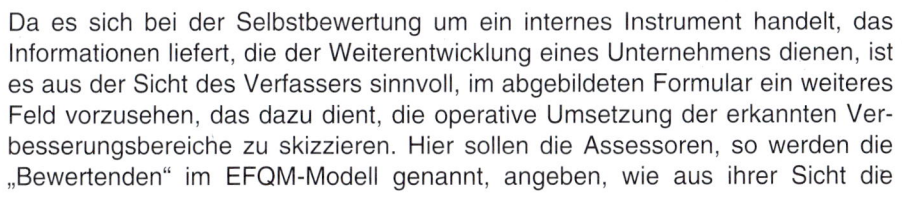

Da es sich bei der Selbstbewertung um ein internes Instrument handelt, das Informationen liefert, die der Weiterentwicklung eines Unternehmens dienen, ist es aus der Sicht des Verfassers sinnvoll, im abgebildeten Formular ein weiteres Feld vorzusehen, das dazu dient, die operative Umsetzung der erkannten Verbesserungsbereiche zu skizzieren. Hier sollen die Assessoren, so werden die „Bewertenden" im EFQM-Modell genannt, angeben, wie aus ihrer Sicht die

Führung	
\multicolumn{2}{l}{Wie das Führungsteam und alle anderen Führungskräfte eine Kultur des Umfassenden Qualitätsmanagements anregen, unterstützen und fördern.}	

Unterpunkt 1 a	
Wie Führungskräfte ihr Engagement für eine Kultur des Umfassenden Qualitätsmanagements sichtbar unter Beweis stellen.	
Ansatzpunkte aus EFQM	Stärken
	Verbesserungsbereiche
Nachweise	
Vorgehen %	Umsetzung % Gesamtergebnis %

EFQM-Standardformular

gefundenen Verbesserungsbereiche tatsächlich realisiert werden können. Da die Selbstbewertung eigentlich immer von mehreren Assessoren durchgeführt werden sollte, werden so Ansatzpunkte der Verbesserung gleich dokumentiert und damit sichergestellt, daß keine Verbesserungsideen vergessen werden.

Die Selbstbewertung kann von Mitgliedern des Projektteams unter Verwendung der angesprochenen Standardformulare durchgeführt werden. Es ist eigentlich immer zu empfehlen, die Selbstbewertung von mehreren Personen durchzuführen, denn dies trägt dazu bei, daß keine Erkenntnisse unberücksichtigt bleiben. Außerdem ist es gerade in größeren Unternehmen schwierig, jemanden zu finden, der alle Bereiche des Unternehmens kennt und der damit alle vorhandenen Stärken erfassen kann. Weiter trägt die Durchführung durch mehrere Personen dazu bei, daß das Ergebnis der Selbstbewertung objektiviert wird. Bei der operativen Durchführung der Selbstbewertung sind zwei wesentliche Arten zu unterscheiden. Zunächst kann sich das TQM-Projektteam zusammenfinden und die

Selbstbewertung mittels der Standardformulare gemeinsam durchführen. Dies hat den Nachteil, daß mit großer Wahrscheinlichkeit damit zu rechnen ist, daß es eine relativ lange Sitzung werden wird. Der Vorteil dieser Vorgehensweise liegt in der gleichzeitigen Findung eines Konsenses bezüglich der tatsächlichen Bewertung. Wird die Selbstbewertung durch mehrere Unternehmensinterne jeweils alleine durchgeführt, so ist es unumgänglich, daß anhand der Einzelergebnisse im Anschluß eine sogenannte Konsensfindung stattfindet. Dabei ist es nicht ungewöhnlich, daß die Anfangsbewertungen der Projektmitglieder bei einzelnen Unterpunkten um bis zu 30 % auseinanderliegen.

Ist die Selbstbewertung abgeschlossen, so werden die erkannten Verbesserungspotentiale mit operativen Umsetzungsvorschlägen dem Management vorgestellt werden müssen, um entsprechende Diskussionen und Beschlüsse zu erreichen. Meist wird in den Unternehmen eine Selbstbewertung pro Jahr durchgeführt. Schon bei der zweiten Durchführung kann dann der Erfolg der ersten Verbesserungsperiode überprüft werden.

Ist ein Vorgehen ohne Punktebewertung möglich und sinnvoll?

In der Praxis stellt sich manchmal die Frage, ob es möglich ist, die EFQM-Methode anzuwenden, ohne eine Punktbewertung durchzuführen. Auslöser für diesen Wunsch ist meist die Angst vor zu großer Transparenz, die durch die Punktebewertung zwangsläufig erreicht wird. Bei einem solchen Vorgehen ist die Frage zu stellen, ob die Organisation wirklich bereits die Reife erreicht hat, um sich mit den Inhalten des TQM auseinanderzusetzen, denn einer der Anreize des EFQM-Modells ist gerade die Erkenntnis des aktuellen Standes des eigenen Unternehmens.

Generell ist ein Vorgehen anhand des EFQM-Modells ohne die Durchführung einer Punktbewertung zwar möglich, doch ist das Erkennen und gegenseitige Gewichten der Verbesserungspotentiale in einem solchen Fall erschwert, auch kann eine bewertende Konsensfindung nicht stattfinden. Weiter ist die Überprüfung des Fortschritts von Selbstbewertungszyklus zu Selbstbewertungszyklus nicht mehr möglich, man kann den Erfolg der unternommenen Anstrengungen nicht mehr ausreichend bewerten. Dieser Punkt ist um so bedeutsamer, da ein wesentlicher Aspekt des EFQM-Modells in der Beobachtung der zeitlichen Entwicklung liegt. Wenn man auf die Punktbewertung verzichtet, geht der zeitliche Aspekt so lange verloren, wie die Punktbewertung nicht durchgeführt wird.

Aus den angeführten Gründen sollte man TQM/EFQM immer unter Anwendung der Selbstbewertung angehen.

Die Bewerbung

Entscheidet sich ein Unternehmen für die Bewerbung um den Qualitätspreis, so muß es eine Bewerbungsbroschüre verfassen, eine sogenannte Application. Dies wie auch die nachfolgenden weiteren Ausführungen gilt sowohl für eine

Bewerbung um den European Quality Award als auch um den deutschen Ludwig-Erhard-Preis. In dieser Bewerbung ist das eigene System des Umfassenden Qualitätsmanagements, basierend auf dem europäischen Qualitätsmodell, aussagekräftig und nachvollziehbar zu beschreiben, d. h., es sind auch die tatsächlich erreichten Ergebnisse in ihrer zeitlichen Entwicklung und im Vergleich zu anderen Unternehmen anzugeben. Eine EFQM-Application ist eine Unterlage, die einen maximalen Umfang von 75 Seiten hat.

Die Bewerbung für den EFQM-Award kostet für Unternehmen mit weniger als 500 vollzeitbeschäftigten Mitarbeitern 1000 Ecu, für größere Organisationen 3000 Ecu. Die Bewerbung um den Ludwig-Erhard-Preis kostete 1997 Organisationen mit weniger als 500 Mitarbeitern DM 2000, größeren Organisationen DM 4000.

Nach Eingang der Bewerbung wird diese durch ein Assessorenteam mit 5 bis 7 Mitgliedern bewertet. Die Bewertung wird im Anschluß an ein Team von Juroren zur Begutachtung gegeben. Bei den Juroren handelt es sich um „herausragende Persönlichkeiten aus Wirtschaft und Wissenschaft". Ergibt sich in beiden Gremien, daß die vorliegende Bewerbung Chancen auf den Gewinn des Preises hat, so findet eine sogenannte „Site Visit" statt. Hier besucht ein Team von Assessoren das Unternehmen, um die Angaben der Bewerbung zu verifizieren und ggf. offene Fragen zu klären. Die vorherige Punktbewertung wird ggf. angeglichen. Aufgrund der Berichte der Assessorenteams entscheiden die Juroren über die Vergabe des Qualitätspreises. Eine Organisation, die sich um den Preis bewirbt, erhält in jedem Falle einen detaillierten Bericht über den Inhalt der Bewerbung sowie ihre Bewertung.

Bei den EFQM-Assessoren handelt es sich um höhere Führungskräfte und/oder Qualitätsfachleute, die von der EFQM berufen werden. Sie werden für ihre Assessorentätigkeit ausgebildet und arbeiten zunächst unter der Anleitung eines Senior Assessors.

Kleine und mittlere Unternehmen (KMU) können sich nicht direkt für den EQA bewerben. Hier hat EFQM zunächst die Bewerbung um den jeweiligen nationalen Qualitätspreis vorgesehen. Findet hier eine Bewerbung Anerkennung, so kann diese im zweiten Schritt an EFQM weitergeleitet werden. Der Preis, für den sich KMU in Deutschland direkt bewerben können, ist also der bereits erwähnte Ludwig-Erhard-Preis.

14 Die Schwierigkeiten und ihre Überwindung

Die Orientierung an den Inhalten des Total-Quality-Management-Modells der European Foundation for Quality Management ist ein Vorgehen, das – wie bereits ausgeführt – bestenfalls mittel-, häufig jedoch erst langfristig betrachtet werden muß. Dies bedeutet gleichzeitig, daß ein Unternehmen einen langen Atem haben muß, um das Projekt TQM erfolgreich vorantreiben zu können. Es soll nicht verschwiegen werden, daß es Unternehmen gibt, die mit TQM-Projekten gescheitert sind. Die Gründe des Scheiterns sind vielfältig, doch gibt es einige Faktoren, die für den Erfolg der Orientierung am EFQM-Modell von großer Bedeutung sind. Auf diese soll im vorliegenden Abschnitt eingegangen werden.

Die Bedeutung des Managements

TQM ist nach der Definition in der Norm DIN ISO 8402 eine Führungsmethode. Dies macht schon sehr deutlich, daß ein TQM-Projekt nur dann erfolgreich sein kann, wenn das Management, insbesondere die Geschäftsführung von den Inhalten tiefgehend überzeugt und bereit ist, in diesem Thema voranzugehen, sich auch persönlich einzubringen. Es genügt nicht, das Projekt einmalig anzuschieben und dann nur noch abzuwarten. Eine Geschäftsführung muß betreffs TQM die permanente Kommunikation mit den Mitarbeitern suchen, von Zeit zu Zeit selbst an Teamsitzungen teilnehmen, immer wieder das Projekt offensiv im Unternehmen vorantreiben. Es liegt weiter in der Verantwortung der Führungsmannschaft, für das Projekt entsprechende Mittel bereitzustellen, den Projektmitgliedern die notwendigen Freiräume zu gewähren und sie von anderen Aufgaben so weit zu entbinden, daß eine sinnvolle Projektarbeit überhaupt möglich wird. Es hat wenig Aussicht auf Erfolg, wenn ein TQM-Projekt ohne entsprechende Mittelausstattung von den beteiligten Mitarbeitern und Führungskräften quasi nebenher betrieben werden soll.

Ein weiterer Punkt bezieht sich auf die Rolle der Projektmitglieder. Sie werden in der Praxis sehr häufig Informationen erhalten müssen, die in größeren Unternehmen sonst nur höheren Führungskräften zur Verfügung stehen. Es kann geschehen, daß dann bei nicht beteiligten Führungskräften Ängste vor dem Aufbau einer zweiten Führungsstruktur aufkommen. Es ist die Aufgabe der Geschäftsführung, diese Problematik zu thematisieren und mit den Führungskräften auszudiskutieren, ihnen diese Ängste also zu nehmen.

Die Rolle der Projektmitglieder ist für den Erfolg eines TQM-Projektes ebenfalls von großer Bedeutung. Sie wird an anderer Stelle erörtert.

Die Frage der Unternehmenskultur

Aspekte des TQM sind angstfreies Zusammenarbeiten, Bereitschaft, voneinander zu lernen, Einbeziehung der Mitarbeiter etc. An dieser Auflistung wird sehr deutlich, daß TQM immer auch die Unternehmenskultur zum Inhalt hat. Es muß in einer Organisation, die sich des Themas TQM annimmt, klar sein, daß damit auch immer die Unternehmenskultur verändert werden wird. Es muß weiter die Bereitschaft vorhanden sein, sich von tradiertem Verhalten im Unternehmen zu verabschieden und andere Verhaltensweisen anzunehmen. Es bedarf besonders bei der Geschäftsführung der Bereitschaft, auch das eigene Auftreten und Verhalten in Frage zu stellen. Weiter muß sie dazu bereit sein, ein geändertes Verhalten auch vorzuleben. Wenn im Unternehmen nach der Ankündigung, man wolle sich anhand der TQM-Philosophie weiterentwickeln, bei Problemen weiterhin die Überbringer schlechter Botschaften bestraft und bei Fehlern weiterhin zuerst die Schuldigen und nicht die Ursachen gesucht werden, wird dieses Verhalten bei den Führungskräften und Mitarbeitern ein für das TQM-Projekt verheerendes Signal geben.

Die Prägung der Menschen

TQM greift sehr stark in den Verhaltensbereich aller im Unternehmen beteiligten Menschen ein. Dies geschieht, indem TQM zwangsläufig das bisherige hierarchische Denken in den Unternehmen in Frage stellt und vor allem durch die Inhalte der Befähigerkriterien „Führung" und „Mitarbeiterorientierung" verändert. Das Verhalten der Menschen ist jedoch durch jahre- und jahrzehntelange Prägung entstanden. Da diese Prägung sehr langfristig entstanden ist, ist eine Veränderung ebenfalls sehr langfristiger Natur. Deshalb sind Erfolge in TQM eben auch nur mittel- und langfristig, niemals jedoch kurzfristig zu erreichen. Eine kurzfristige Erwartungshaltung an ein TQM-Projekt kann deshalb ein solches Projekt zum Scheitern verurteilen.

Im erwähnten Verhaltensbereich sind auch viele der Widerstände gegen TQM anzusiedeln. Die Menschen wollen gemäß ihrer Prägung den eigenen Bereich (man könnte auch schärfer formulieren: den eigenen **Macht**bereich) schützen, und es treten sehr häufig Befürchtungen auf, mit der Einführung des TQM gerate dieser Bereich in Gefahr. Auch mit dieser Problematik muß im Rahmen der TQM-Einführung umgegangen werden.

Die Suche nach der besten Zeit für die „Einführung" des TQM

In manchen Diskussionen über TQM werden Aussagen gemacht, die etwa dahin gehen, daß gesagt wird, die gegenwärtig schwierige wirtschaftliche Lage vieler Unternehmen sei nicht die richtige Zeit, um die „Einführung" des TQM anzugehen, denn TQM koste Geld und gerade dieses sei momentan nicht vorhanden. Andere Diskutanten sind der Meinung, TQM könne nur dann angegangen werden, wenn der „Leidensdruck" eines Unternehmens so groß sei, daß dieser die

Bereitschaft zur Veränderung (auch des eigenen Verhaltens) bringe. In guten Zeiten hätten die Menschen keine Gründe, sich und ihr Verhalten zu ändern. Beide Argumentationsweisen entbehren nicht einer gewissen Logik.

Man könnte daraus schließen, daß es einen idealen Zeitpunkt für den Startschuß für TQM gar nicht gibt. Relativ viele Unternehmen sind nach einer Zertifizierung nach DIN EN ISO 9001, 9002 oder 9003 auf der Suche nach Mitteln zur Weiterentwicklung des dann vorhandenen Systems. Dabei stoßen sie beinahe zwangsläufig auf TQM. In diesem Moment ist es sehr wichtig, daß die Geschäftsführung sehr genau über die Inhalte des TQM Bescheid weiß, denn nur dann kann sie eine erfolgversprechende Entscheidung treffen. Wichtig ist, egal ob in guten oder schlechten Zeiten die Entscheidung für TQM getroffen wird, daß die Geschäftsführung diesen Prozeß aus tiefer Überzeugung startet und bereit ist, sich einzubringen. Eine „visionäre" Geschäftsführung ist nahezu ein Garant für das Gelingen.

Die Rolle der Projektmitglieder

Eine weitere sehr wichtige Rolle spielen die Projektmitglieder bei der Weiterentwicklung zu TQM. War das QM-Personal bereits beim Aufbau eines QM-Systems nach DIN EN ISO 9000 ff von großer Bedeutung für den Erfolg des Systemaufbaus und die Akzeptanz des Systems bei den Mitarbeitern, so wird seine Bedeutung im TQM-Projekt noch größer, denn die inhaltlichen Aspekte des TQM-Ansatzes gehen über die der DIN EN ISO 9000 ff an einigen Stellen hinaus. Dies gilt insbesondere dann, wenn der Aufbau des QM-Systems sich stark an den Minimalanforderungen der Nachweisstufe DIN EN ISO 9001 orientiert hat.

Wichtig ist bei der Auswahl der Projektmitglieder, daß einige Dinge berücksichtigt werden. Zunächst müssen die Teammitglieder selbstverständlich von der Philosophie des TQM überzeugt sein. Sodann ist es sehr wichtig sicherzustellen, daß die Projektmitglieder sowohl auf seiten der Mitarbeiterschaft als auch des Managements breite Akzeptanz finden. TQM-Projektmitglieder müssen darüber hinaus und über eine gewisse Argumentationsstärke und über ein hohes Maß an Kommunikationsfähigkeit verfügen, denn ihre Aufgabe ist es, die Ideen des TQM und die Inhalte des TQM-Projektes in der Mitarbeiterschaft zu verbreiten. Weiter sind sie diejenigen, die als Ansprechpartner der Mitarbeiter fungieren. Selbstverständlich müssen sie das eigene Unternehmen sehr gut kennen, denn ohne diese Kenntnis kann eine Selbstbewertung von ihnen nicht durchgeführt werden. Damit müssen TQM-Projektmitglieder über ein gewisses Maß an Berufserfahrung im eigenen Unternehmen verfügen.

15 Projekt TQM – ein pragmatischer Ansatz

Basierend auf den bisherigen Erkenntnissen soll nun der Versuch unternommen werden, das Projektvorgehen bei der TQM-Implementierung zu schildern. Dabei wird von den folgenden Voraussetzungen ausgegangen: Es ist ein normkonformes QM-System im Unternehmen implementiert, das in einem der Kapiteleinteilung der Nachweisstufe DIN EN ISO 9001 folgenden QM-Handbuch dokumentiert ist. Das QM-Handbuch wird erweitert durch Verfahrensanweisungen und ggf. Arbeitsanweisungen. Diese spielen jedoch in den folgenden Ausführungen keine Rolle. Es existiert im Unternehmen eine QM-Organisation, deren Größe selbstverständlich von der Größe und von der geographischen und organisatorischen Struktur des Unternehmens abhängt.

Damit ergeben sich für das Projektvorgehen die folgenden Eckpunkte:

- Das Projekt wird von der vorhandenen QM-Organisation vorangetrieben, es wird keine zweite Struktur aufgebaut.
- Die Akzeptanz des QM-Systems bei den Mitarbeitern und Führungskräften muß gegeben sein.
- Die Regelungen des QM-Systems sollten nach Möglichkeit Bestandteil der sonstigen Führungsinstrumente des Unternehmens sein und kein paralleles Eigenleben neben diesen fristen.
- Erweiterungen, die aus den TQM-Aktivitäten resultieren, werden in die vorhandene QM-Dokumentation integriert, es wird keine zweite Dokumentation erstellt (siehe hierzu die Zuordnungshinweise des Kapitels 12).
- Kein zusätzlicher Funktionsumfang für die ISO-9000-Auditierung, die EFQM-Bewertung wird in Form der Selbstbewertung durch die QM-Organisation durchgeführt

Diese Eckpunkte sind für den Erfolg des Projektes von großer Bedeutung. Es muß um jeden Preis vermieden werden, daß neben der bestehenden QM-Dokumentation eine weitere für TQM aufgebaut wird. Dies würde die Akzeptanz des TQM bei den Führungskräften und Mitarbeitern erheblich gefährden. Weiter ist es von großer Wichtigkeit, daß für TQM kein zusätzlicher „Wasserkopf" entsteht, auch dies wäre den Mitarbeitern und Führungskräften in einer Zeit, in der die Unternehmen alle nichtproduktiven Bereiche zurückschneiden, kaum zu vermitteln. Es wäre weiter gerade den Mitarbeitern und Führungskräften kaum zuzumuten, daß die ISO-9000-Audits inhaltlich noch zusätzlich bereichert werden. Die Audits bringen erfahrungsgemäß sowieso viel Unsicherheit in die auditierten Funktionen. Diese würde bei einer zusätzlichen Abprüfung von TQM-Inhalten verstärkt. Weiter würde es für die internen Auditoren eine wesentliche Ausweitung ihres Aufgabenbereiches bedeuten, müßten sie zusätzlich den TQM-Teil abprüfen. Sie müßten hierfür zusätzlich qualifiziert werden. Auch eine Prüfung des TQM in den ISO-9000-Audits würde der Akzeptanz des TQM nicht dienen.

Hinsichtlich der Zusammensetzung der Projektgruppe sind folgende Anforderungen zu beachten:

- Die Abdeckung der gesamten Organisation muß sichergestellt sein. In einigen Unternehmen, die normkonforme QM-Systeme aufgebaut haben, blieben zentrale Stellen teilweise etwas außen vor, z. B. die Finanzabteilung.
- Die Geschäftsleitung muß in der Projektgruppe präsent sein.
- Die mitbestimmenden Gremien werden umfassend einbezogen.

Das Vorgehen sollte folgendermaßen gestaltet werden:

1. Besprechung/Präsentation bei der Geschäftsführung

   Bei dieser Veranstaltung, die vom QM-Beauftragten oder ggf. von einem externen Berater, der das Projekt begleitet, gehalten wird, werden die Inhalte des TQM, das Projektvorgehen und die möglichen Auswirkungen auf das Unternehmen besprochen. Nach Beendigung der Besprechung sollte die Unternehmensführung dazu in der Lage sein, eine Entscheidung darüber zu treffen, ob TQM im Unternehmen angegangen werden soll oder nicht. Sehr wichtig ist, daß die Langfristigkeit des Unterfangens klar zum Ausdruck kommt. Auch die Bereitstellung adäquater Mittel und adäquaten Personals sowie die Rolle der Geschäftsführung und der Führungskräfte müssen Gegenstand dieser Veranstaltung sein.

2. Informations-/Schulungsveranstaltung für alle Führungskräfte

   Im nächsten Schritt müssen alle Führungskräfte mit dem Projekt vertraut gemacht werden. Ideal ist es, wenn die Geschäftsführung an der Veranstaltung teilnimmt und ihre Mannschaft einschwört. Die Schulung muß die Bestandteile des EFQM-Modells und das eigene Projektvorgehen, aber auch die Auswirkungen auf die Rolle der Führungskräfte und mögliche Änderungen daran abdecken. Weiter sollten auch die Information und Einbeziehung der Mitarbeiter über/in das Projekt Gegenstand der Schulung sein. Die Dauer einer solchen Veranstaltung sollte nicht unter 1 Tag liegen. Die Durchführung erfolgt durch den QM-Beauftragten oder den ggf. zugezogenen externen Berater.

3. Aufbau und permanente Nutzung einer geeigneten Projektkommunikation

   Um gerade in größeren Unternehmen die Einbeziehung der Mitarbeiter in das TQM-Projekt neben der Funktion der Projektmitglieder als Multiplikatoren zu gewährleisten, sollte nun eine Kommunikationsmöglichkeit eingerichtet werden, die nicht nur die Information der Mitarbeiter über den Projektstand ermöglicht, sondern gleichzeitig ein Forum für die Mitarbeiter ist, in dem der Projektfortschritt diskutiert, wo eigene Anregungen und Verbesserungsvorschläge gemacht werden können. Im Zeitalter der modernen Bürokommunikation, wo mehr und mehr Unternehmen über Intranets verfügen, bietet es sich selbstverständlich an, diese technische Möglichkeit dafür zu nutzen.

4. Schulung der Projektgruppe

Um inhaltlich arbeitsfähig zu werden, müssen die Mitglieder des Projektteams nun mit der Materie vertraut gemacht werden. Sie müssen in der Schulung die Inhalte des EFQM-Modells tiefgehend vermittelt bekommen. Weiterer Inhalt der Schulung müssen das eigene Projektvorgehen und besonders die Vorgehensweise bei der Selbstbewertung sein, die von ihnen durchgeführt werden soll. Diese komplexen Inhalte können in weniger als 3 Tagen kaum vermittelt werden.

Ergebnis der Schulung muß als Hausaufgabe an die Projektmitglieder die Durchführung einer ersten Selbstbewertung sein. Selbstverständlich müssen sie dafür mit den notwendigen Unterlagen (den bereits angesprochenen Standardformularen) ausgestattet werden.

5. Durchführung der Selbstbewertung

Die Selbstbewertung wird von den Projektmitgliedern selbständig und alleine durchgeführt. Dazu werden die Standardformulare verwendet.

6. Selbstbewertungsworkshop

Wurde von den Mitgliedern der Projektgruppe erstmalig die Selbstbewertung durchgeführt, so kommt das Team nun zusammen, um die Ergebnisse der einzelnen Mitglieder zu vergleichen und zu einem Konsens zu finden. Dies kann bei guter struktureller Vorbereitung des Workshops an 1 Tag bewältigt werden, unabdingbar ist es auf jeden Fall, den notwendigen Diskussionen genügend Raum zu geben.

Die konsolidierten Ergebnisse der Selbstbewertung sollen von den Projektmitgliedern nach dem Workshop nochmals geprüft, die erkannten Verbesserungspotentiale gegeneinander abgewogen und priorisiert werden. Weiter sollen sich die Projektmitglieder Gedanken über die operative Durchführung der priorisierten Verbesserungsbereiche machen.

7. Aktionsworkshop

Im nun folgenden Aktionsworkshop werden die Verbesserungspotentiale gemeinsam priorisiert, und es werden Vorschläge für Verbesserungsaufträge erarbeitet

8. Präsentation bei der Geschäftsleitung

Nun werden die Ergebnisse der Selbsteinschätzung bei der Geschäftsleitung präsentiert und diskutiert, ebenso die vorgeschlagenen Priorisierungen und die Vorschläge für Verbesserungsaufträge. Die Geschäftsleitung führt darüber die Diskussion mit den beteiligten Stellen und Funktionen und vergibt dann die Verbesserungsaufträge, deren Abarbeitung den jeweiligen Fachbereichen obliegt.

9. Regelmäßige Treffen der Projektgruppe zur Verfolgung des Projektfortschritts

    Die Überwachung der Abarbeitung der Verbesserungsaufträge obliegt der Projektgruppe. Gleichzeitig wird sie bei der Implementierung neuer Verfahren, die aus den Verbesserungsaufträgen resultieren, beteiligt sein.

Nach dem Schritt 8 wird in definierten Zeiträumen die Selbstbewertung wiederholt, es werden also die Schritte 5 bis 9 immer wieder durchgeführt.

16 TQM – Potentiale und Risiken

Die Orientierung eines Unternehmens an den Inhalten des TQM birgt, das wurde bereits ausgeführt, kurzfristig keine Potentiale für eine wesentliche Verbesserung, da viele der notwendigen Verbesserungen im Verhaltensbereich angesiedelt sind. Mittel- und langfristig erschließt die Orientierung an TQM jedoch große Verbesserungspotentiale in beinahe allen Bereichen der Unternehmensführung. Zu nennen sind vor allem die folgenden Verbesserungsbereiche:

- Qualität
- Mitarbeiterzufriedenheit
- Kundenzufriedenheit und -bindung
- Kosten
- Durchlaufzeiten

Die Orientierung an den Inhalten des Total Quality Managements leistet – das ist inzwischen in der Fachwelt unumstritten – einen wichtigen Beitrag zur langfristigen Sicherung der Unternehmenszukunft.

Es soll aber nicht verschwiegen werden, daß mit dem Aufsetzen eines Projektes zur langfristigen Implementierung des TQM auch Gefahren verbunden sind. Zunächst erfordert die Langfristigkeit dieser Entwicklung einen „langen Atem". Es ist nicht mit kurzfristigen Erfolgen zu rechnen, und deshalb benötigt die Projektgrupppe langfristig die Unterstützung durch das Management, auch wenn dieses getrieben wird von den Ertragserwartungen der Unternehmenseigner, die selbstverständlich auch über das Projekt, seine Zielrichtung und den Projektfortschritt unterrichtet werden müssen.

Scheitert die Einführung des TQM, wird das Projekt also eingestellt, so fällt eine Organisation hinsichtlich ihrer Produktivität erfahrungsgemäß hinter die ursprüngliche Startposition zurück. Der Grund dafür liegt in den Erwartungen und Hoffnungen, die auf der Seite der Mitarbeiter geweckt werden, sobald die Inhalte des TQM bekanntgemacht und das Projekt angekündigt wird. Werden diese Erwartungen und Hoffnungen nicht erfüllt, so leiden die Motivation und Mitarbeiterzufriedenheit. Daß eine schlechte Mitarbeiterzufriedenheit ihre Auswirkungen auf die Kundenzufriedenheit hat, wurde bereits an anderer Stelle verdeutlicht. Eine Unternehmensleitung sollte sich dieser Gefahr bewußt sein, wenn sie vor der Entscheidung über die Inangriffnahme der TQM-Implementierung steht.

17 Qualitätstechniken und ihr Einsatz

Vergleich mit anderen Unternehmen – Benchmarking

Die EFQM-Ergebniskriterien fordern dazu auf, nicht nur Ergebnisse über die Zeitentwicklung auszuweisen, sondern auch die eigenen Ergebnisse mit denen anderer Unternehmen zu vergleichen, also Benchmarking zu betreiben. Benchmarking bezeichnet den Vergleich des eigenen Unternehmens mit anderen. Dieser Vergleich kann sich auf

- Produkte,
- Methoden und Prozesse

beziehen. Benchmarking kann also sowohl für Gesamtprozesse als auch für Sub-Prozesse durchgeführt werden. Die Entscheidung, Benchmarking durchzuführen, wird auf der Ebene des Prozeßverantwortlichen getroffen. Als Benchmarking kann nicht der Vergleich der Prozeßergebnisse zweier Einheiten bezeichnet werden, die in demselben Prozeß operieren.

Die Meßgrößen sind gleichzeitig Auslöser und Objekt von Benchmarking-Studien.

In den folgenden Ausführungen wird die umfangreichste Ausprägung des Benchmarking beschrieben, der direkte Vergleich mit anderen Unternehmen, wobei Mitarbeiter der Unternehmen das Benchmarking-Projekt gemeinsam vorantreiben. Dabei wird der Vergleich von Geschäftsprozessen und nicht der von Produkten angesprochen. Es gibt darüber hinaus noch andere, weniger umfangreiche Arten des Benchmarking, die jedoch auch weniger detaillierte Ergebnisse liefern, so z. B. der Vergleich mit anderen Unternehmen anhand von Zahlen, Daten und Fakten, die aus frei zugänglichen Unterlagen extrahiert werden, z. B. aus Veröffentlichungen von Verbänden, Bilanzen, ...

Da beim Benchmarking Unternehmensinterna dem jeweiligen Partner zugänglich gemacht werden, ist das Finden der Benchmarking-Partner oftmals sehr schwierig. Gerade bei dem Wunsch nach Vergleichen mit Wettbewerberunternehmen ist die Offenheit oftmals nicht vorhanden. Je nach Art des zu vergleichenden Geschäftsprozesses besteht jedoch die Möglichkeit, sich Partner aus anderen Branchen zu suchen. Beispielsweise kann ein Auslieferungs- und Kundendienstprozeß sicherlich auch mit dem von Unternehmen anderer Branchen verglichen werden. In jedem Falle ist es sinnvoll, Benchmarking auf Top-Management-Ebene zu vereinbaren. Wenn die Führung des/der Partnerunternehmen/s die Durchführung von Prozeßvergleichen zugesagt hat, kann diese auf operativer Ebene ohne jedes Zögern angegangen werden. Die Praxis hat jedoch gezeigt, daß die Offenheit für Benchmarking relativ gering ist. So mußte beispielsweise in einem Großunternehmen eine Gruppe, die den Geschäftsprozeß „Neue Produkte ankündigen" mit dem anderer Unternehmen vergleichen wollte, mehr als 15 Unternehmen anfragen und die Studie diskutieren. Es konnte

95

schließlich mit 2 Unternehmen ein echter Vergleich durchgeführt werden, der – obwohl die Prozesse nur schwer vergleichbar waren – interessante Ergebnisse brachte. Manchmal ist es hilfreich, wenn sich mehr als 2 Unternehmen zu einem Benchmarking finden. Die Offenheit ist bei mehreren Partnern u. U. größer. Jedenfalls sollten sich alle Benchmarking-Partner darüber im klaren sein, daß Benchmarking immer ein Geben und Nehmen ist. Sobald einer der Partner das Gefühl hat, der andere wolle nur Informationen abfragen, selbst aber keine geben, ist das Benchmarking sehr schnell beendet.

Der erste Schritt eines Benchmarking-Projektes besteht in einer eindeutigen Definition des Prozeßumfangs, der untersucht werden soll. Dabei ist darauf zu achten, daß die vorliegenden Meßzahlen sich auch wirklich auf den definierten Prozeßumfang beziehen, daß also nicht nur ein Teilbereich des definierten Vergleichsumfangs abgedeckt ist oder daß Prozeßschritte abgedeckt sind, die sich außerhalb des definierten Umfangs befinden. Selbstverständlich muß sichergestellt sein, daß der festgelegte Prozeßumfang ausreichend festgelegt und dokumentiert ist. Auch sollte man sich jetzt schon Gedanken darüber machen, welche Daten aus dem Prozeß so sensitiv sind, daß man sie trotz der Bereitschaft zum Vergleich anderen Unternehmen nicht zur Verfügung stellen will.

Gleich zu Beginn des Benchmark-Projektes muß der zuvor definierte Vergleichsumfang zwischen den Partnern abgestimmt werden. Die Prozeßergebnisse müssen vergleichbar sein und ebenso die Prozeßinputs, d. h., der Prozeßumfang muß einigermaßen deckungsgleich sein.

Im nächsten Schritt wird überprüft, ob die Gesamtprozeßstruktur und der Prozeß**ablauf** vergleichbar sind (Ähnlichkeit der Einteilung in Sub-Prozesse). Ist dies nicht der Fall, so muß anhand der jeweiligen Hauptaktivitäten die Vergleichbarkeit hergestellt werden. Ist dies gewährleistet, so müssen die Kennzahlen der zu vergleichenden Prozesse untersucht werden. Im Idealfall ermitteln die Benchmarking-Unternehmen dieselben Kennzahlen, ein Fall, der eher die Ausnahme sein dürfte. Sind die Kennzahlen nicht dieselben, so müssen die zu vergleichenden Kennzahlen diskutiert und festgelegt werden.

Sodann werden für den gesamten Prozeßumfang die abgestimmten Kennzahlen für einen definierten Zeitraum ermittelt und verglichen. Dieser Vergleich ist der Startpunkt für den anschließenden Vergleich der Kennzahlen auf Sub-Prozeßebene. Hier wird ermittelt, aus welchem Sub-Prozeß oder aus welcher Haupttätigkeit auf Gesamtprozeßebene gefundene Unterschiede herrühren. Die Sub-Prozesse mit den größten Unterschieden werden z. B. mittels einer ABC-Analyse ermittelt. Nun ist es notwendig herauszufinden, woher die Unterschiede rühren. Dazu müssen

– durchgeführte Tätigkeiten,

– Reihenfolge der Tätigkeiten,

– Einfluß der funktionalen Struktur auf den Prozeßfluß,

- Kennzahlen der Tätigkeiten

untersucht werden.

Diese umfangreichen Vergleiche bringen es mit sich, daß das Benchmarking-Projekt in mehreren Sitzungen stattfinden muß. Es werden immer wieder bei den Partnern zusätzliche Untersuchungen durchgeführt werden müssen, bevor man sich zum weiteren Vergleich trifft.

Der Umfang und die Komplexität von Benchmarks bedingen es, daß sie von Mitarbeitern durchgeführt werden müssen, die den zu vergleichenden Ablauf bis ins Detail kennen. Selbstverständlich müssen diese Mitarbeiter den für die Durchführung des Vergleichsprojektes notwendigen Freiraum erhalten.

Die Ergebnisse von Benchmarking-Studien legen in beinahe allen Fällen die Schwachpunkte des eigenen Prozesses offen. Deshalb müssen diese Ergebnisse dokumentiert, und es muß im nächsten Schritt untersucht werden, welche Aktivitäten zur Bereinigung der gefundenen Schwachstellen durchzuführen sind und welche Alternativen es dabei gibt. In manchen Fällen zeigt sich bei diesen Überlegungen, daß eine „einfache" Prozeßoptimierung nicht ausreicht, daß der Prozeß vielmehr radikal umgestaltet werden muß.

Qualitätszirkel

Im Rahmen der TQM-Implementierung kann ein hilfreiches Mittel zur Einbeziehung der Mitarbeiter die Einführung von Qualitätszirkeln sein. Der Begriff Qualitätszirkel ist in manchen Unternehmen aufgrund schlechter Erfahrungen in der Vergangenheit negativ belegt. Dann sollte man einen anderen Begriff verwenden, der im Unternehmen neutral gesehen wird. Die schlechten Erfahrungen der Vergangenheit resultieren meist aus Umsetzungsfehlern. So wurde in einigen Unternehmen – überspitzt formuliert – die Devise ausgegeben: Wir machen nun Qualitätszirkel und jeder hat sich zu beteiligen. Dies führte dazu, daß jeder die tägliche Arbeit in einen Qualitätszirkel verlegte. Inhaltlich wurde dieselbe Arbeit durchgeführt wie zuvor, es wurde nur die entsprechende Devise erfüllt.

Qualitätszirkel sind betrieblich organisierte Arbeitsgruppen, die auf freiwilliger Basis eigenständig zugeordnete oder selbstgestellte Ziele verfolgen. Sie können sich auf allen Hierarchieebenen bilden (und hierarchie-übergreifend). Der Leitgedanke von Qualitätszirkeln ist die Beseitigung von Problemen an den Stellen, an denen sie auftreten, und das von den Fachleuten, die diese Probleme aufgrund ihrer täglichen Arbeit am besten kennen.

Die Arbeitsweise erfolgreicher Qualitätszirkel ist geprägt von einer Gruppengröße von maximal 10 Mitarbeitern, die sich freiwillig an der Arbeit des Qualitätszirkels beteiligen. Es werden Probleme aus dem eigenen Arbeitsbereich angegangen, Lösungsvorschläge erarbeitet und entweder selbst oder mit Hilfe des Managements realisiert.

Die Einführung von Qualitätszirkeln setzt wie alle anderen Qualitätsbestrebungen die Unterstützung des Managements voraus. Diese ist **der** kritische Erfolgsfaktor schlechthin. Selbstverständlich müssen alle Mitarbeiter über das neue Programm und über die eigenen Beteiligungsmöglichkeiten informiert werden. Es hat sich in der Praxis bewährt, bei der Einführung von Qualitätszirkeln mit einem erfolgversprechenden Pilotprojekt zu starten, über dessen Fortschritt regelmäßig berichtet wird. Ist es zu einem erfolgreichen Abschluß gelangt, so sollte auch darüber berichtet und die Beteiligten entsprechend ausgezeichnet werden. Auch bei der Einführung von Qualitätszirkeln sollten die mitbestimmenden Gremien immer frühzeitig informiert und beteiligt werden.

Auch an Qualitätszirkel sollten keine kurzfristigen Erwartungen gestellt werden. Recht häufig dauert es eine gewisse Zeit, bis sich die Gruppenmitglieder aneinander gewöhnt haben und als Arbeitsgruppe wirklich arbeitsfähig sind. Dies kann man unterstützen, indem man den Qualitätszirkeln zumindest zeitweise Moderatoren zur Verfügung stellt. Weiter sind Schulungen der Gruppenmitglieder in den Themen Teamarbeit und Problemlösungstechniken hilfreich. Selbstverständlich muß auch nach Beendigung des Pilotprojektes über die einzelnen Qualitätszirkel und ihre Erfolge berichtet werden, und es müssen erfolgreiche Projektabschlüsse entsprechend gewürdigt werden.

Typische Fragestellungen, die sich im Zusammenhang mit Qualitätszirkeln ergeben sind die folgenden:

Wie sollten die Gruppen zusammengestellt sein? Ist eine Gruppe, bei der alle Mitglieder aus einem Funktionsbereich stammen, sich demzufolge kennen, besser oder eine funktionsübergreifende Zusammensetzung?

Hierzu gibt es keine allgemeingültige Antwort. Im wesentlichen hängt die Gruppenzusammensetzung von der Art der Aufgabenstellung ab. Ist diese funktionsübergreifend, so muß ihr die Gruppenzusammensetzung folgen.

Sollten Teilnehmer vom Management bestimmt werden, oder sollte die Teilnahme freiwillig geschehen?

Generell ist hier festzustellen, daß eine Teilnahme nur bis zu einem gewissen Grad „verordnet" werden kann. Selbstverständlich wird das Management dann, wenn sich eine Gruppe ein Thema gewählt hat, das auf besonderes Interesse stößt oder bei dem man der Meinung ist, es müßte in jedem Falle ein bestimmter fachlicher Spezialist in der Gruppe mitarbeiten, einen bestimmten Mitarbeiter auf die Teilnahme ansprechen. Prinzipiell ist die freiwillige Meldung der beste Ansatz, doch gibt es auch Unternehmen, bei denen eine bestimmte Anzahl von Teilnehmern vom Management berufen werden und die mit dieser Vorgehensweise gute Erfahrungen gemacht haben.

Sollte der Gruppensprecher vom Management bestimmt oder von der Gruppe gewählt werden?

Hier ist der beste Ansatz der der Wahl durch die Gruppe. Wird ein Gruppensprecher vom Management bestimmt und es gibt einen anderen, der bei den Gruppenmitgliedern eine höhere Akzeptanz hat, so sind Rangkämpfe vorprogrammiert.

Sollten die zu bearbeitenden Themen vorgegeben werden oder sollte die Gruppe sie selbst bestimmen?

Bei der Festlegung des Gruppenthemas durch die Gruppe selbst kann davon ausgegangen werden, daß die Motivation zur Bearbeitung höher ist, als wenn Themen vorgegeben werden. Andererseits spricht nichts gegen das Initiieren eines Qualitätszirkels durch das Management, wenn diesem ein Thema „auf den Nägeln brennt". Dann allerdings müssen die sonstigen Spielregeln des eigenen Qualitätszirkel-Programms eingehalten werden.

Sollten die Gruppen unbegrenzt zusammenarbeiten oder sollte sich eine Gruppe nach der erfolgreichen Bearbeitung ihres Themas auflösen?

Auch hier sind beide Versionen möglich, wobei erfahrungsgemäß bei unbefristeter Zusammenarbeit nach einer gewissen Zeit eine „Abnutzung" eintritt, der die Gruppenmitglieder durch verstärktes Engagement in anderen Bereichen zu entgehen versuchen. Sehr häufig löst sich auch eine Gruppe, die eigentlich unbefristet arbeiten wollte, irgendwann von alleine auf.

Sollten Qualitätszirkel während der Arbeitszeit stattfinden oder in der Freizeit?

Dabei handelt es sich um eine Frage der Absprache zwischen Unternehmen und Mitarbeitern. Die Bereitschaft, sich einzubringen, ist sicher bei vielen Mitarbeitern eher vorhanden, wenn die Gruppen in der regulären Arbeitszeit tagen können. Andererseits sind viele Mitarbeiter jedoch auch zu einem unbezahlten Engagement bereit, solange sie davon überzeugt sind, sich einbringen zu können, solange sie das Gefühl haben, daß ihr Engagement gesehen und anderweitig honoriert wird. Dies muß nicht in finanzieller Hinsicht geschehen. Die Frage sollte zwischen Unternehmensleitung und Betriebsrat diskutiert werden. Es sind durchaus auch Kompromisse möglich.

Sehr wichtig ist die Erkenntnis, daß neben den Erfolgen von Qualitätszirkeln auf der Sachebene ein weiterer Erfolg in der Tatsache liegt, daß erfolgreiche Arbeit in Qualitätszirkeln auch die Persönlichkeitsentwicklung der Teammitglieder vorantreibt. Über die Zeit entwickelt sich die Mitarbeiterschaft weiter. Ein weiterer Erfolg von Qualitätszirkeln liegt in der Zurückdrängung von Abteilungsegoismen, in der verstärkten Kommunikation im Unternehmen.

18 Zusammenfassung und Ausblick

Der Aufbau eines Qualitätsmanagementsystems nach DIN EN ISO 9000 ff wird immer mehr auch in Deutschland zum Markstandard. Damit stellt sich für die Unternehmen, die diesen Standard realisiert haben, ganz automatisch die Frage nach weiteren Entwicklungsmöglichkeiten. Es ist beinahe zwangsläufig, daß die Unternehmen, die den Weg der kontinuierlichen Weiterentwicklung beschritten haben, sich über kurz oder lang mit Total Quality Management beschäftigen werden. TQM ist in Europa durch die Methodik der European Foundation for Quality Management (EFQM) gekennzeichnet. Der Streit einiger Experten über den richtigen Weg der Qualitätsverbesserung, bei dem einige der Meinung sind, die Normengruppe DIN EN ISO 9000 ff sei der richtige Weg, andere das EFQM-Modell favorisieren, ist eigentlich entschieden. Beide Qualitätsmodelle haben dasselbe Ziel. Unterschiede gibt es lediglich im Anwendungshorizont beider Modelle. EFQM geht inhaltlich über die Anforderungen der Normengruppe hinaus. Damit ist völlig klar, daß der erste Schritt der Verbesserung im Aufbau eines QM-Systems zu sehen ist. Dabei sollten die Inhalte der Normengruppe unabhängig von der Frage der Zertifizierung diskutiert werden. Wenn der Aufbau eines QM-Systems abgeschlossen ist und u. U. durch eine Zertifizierung bescheinigt wurde, besteht im Unternehmen eine stabile systematische Basis, auf der die Weiterentwicklung zur Business Excellence angegangen werden kann.

Deshalb ist es sehr wichtig, die mit ISO 9000 verbundenen Gegebenheiten im Unternehmen entsprechend der Weiterentwicklung zu TQM mitzuentwickeln. Es muß eine bestehende QM-Dokumentation so erweitert werden, daß auch zusätzliche Inhalte des TQM hier Eingang finden können. Die Inhalte des EFQM-Modells können in eine bestehende Dokumentation ohne Probleme integriert werden. Die Weiterentwicklung des Unternehmens muß gleichzeitig von den Personen geleistet werden, die mit dem Thema bereits vertraut sind, es darf keine zusätzliche TQM/EFQM-Organisation gebildet werden.

Daß das EFQM-Modell für eigentlich alle Unternehmen aller Größenordnungen und aller Branchen einsetzbar ist, wird an dem wachsenden Interesse deutlich, das ihm entgegengebracht wird. EFQM selbst spricht von einem exponentiellen Wachstum, das in Deutschland durch die erstmalige Verleihung des Ludwig-Erhard-Preises im Jahr 1997 sicherlich weiter Verstärkung findet. Dies läßt hoffen, daß der Wirtschaftsstandort Deutschland gegenüber Konkurrenzstandorten mit der Zeit wieder an Boden gutmachen wird. Es darf aber nicht verschwiegen werden, daß mit TQM/EFQM Gefahren verbunden sind. Zunächst liegt ein Problem in der Langfristigkeit, die damit verbunden ist. Es gibt sicher einige Unternehmen, denen auf dem Weg zu TQM „der Atem ausgeht". Diese Unternehmen werden hinter die Startlinie zurückgeworfen, was in einigen Fällen gravierende Probleme mit sich bringen wird.

Es stellt sich die Frage nach den Alternativen zu TQM/EFQM. Diese sind nicht in Sicht. Mittel- und langfristig wird sich jedes Unternehmen zumindest in Ausschnitten mit TQM beschäftigen müssen, will es in sich verengenden und internationalisierenden Märkten überleben. Es werden in Zukunft nur Unternehmen profitabel existieren können, die ihre betrieblichen Ressourcen optimal zu nutzen verstehen.

Aus der bisher skizzierten Entwicklung könnte geschlossen werden, daß sich mit dem Erscheinen des TQM/EFQM die Normengruppe DIN EN ISO 9000 ff überlebt hat und nicht mehr gebraucht wird. Dies wird wohl kaum geschehen, denn während EFQM/TQM eben nur die Auszeichnung einiger weniger Unternehmen zuläßt, ist die Norm als Ziel für die Masse der Unternehmen weiterhin sehr wichtig. Sie wird sich – und die Langzeitrevision ist dabei nur ein Schritt – weiterentwickeln. Normen sind zur Festlegung dessen dar, was „state of the art" ist. Deshalb werden die Inhalte des EFQM-/TQM-Modells, die über die Zeit eben „state of the art" werden, sukzessive Eingang in die Normengruppe finden.

Im Moment sind einige Unternehmen dabei, neben den bestehenden Qualitätssystemen Umweltmanagementsysteme aufzubauen. Hier ist eine Entwicklung in Gang gekommen, die sehr stark an die ISO-9000-Entwicklung vor einigen Jahren erinnert. Daß es wenig Sinn macht, in Unternehmen mehrere Managementsysteme nebeneinander aufrechtzuerhalten, braucht nicht weiter diskutiert zu werden. Deshalb behält EFQM seinen Anspruch, ein Modell der Business Excellence, also der exzellenten Unternehmensführung zu sein, und es wird nicht umhinkommen, weitere Inhalte zu integrieren. Dabei ist neben denen aus dem Bereich Umweltmanagement, die heute eben noch nicht Bestandteil des Modells sind, beispielsweise auch an solche aus dem Bereich Arbeitssicherheit zu denken.

Ein weiteres Thema wird im Gefolge der Entwicklung hin zu TQM ebenfalls an Bedeutung gewinnen. Geschäftsprozeßmanagement als Basis aller wirklichen und anhaltenden Qualitätsverbesserung und als Bestandteil des EFQM-Modells wird verstärkt und wahrscheinlich als eines der ersten Kriterien in den Unternehmen Eingang finden, ist es doch scheinbar rein „technischer" Natur und beinhaltet nicht in erster Linie den schwierigen Verhaltensbereich.

19 Glossar

Application	Broschüre zur Bewerbung um einen Qualitätspreis
Area to address	Unterpunkt des Malcolm-Baldrige-Modells, zu dem in einer Bewerbungsbroschüre die Umsetzung beschrieben werden muß
Benchmarking	Vergleich der Ergebnisse des eigenen Unternehmens mit denen anderer Unternehmen
Business Excellence	Ziel des TQM-Modells der European Foundation for Quality Management, exzellente Unternehmensführung
Deming Price	Japanischer Qualitätspreis, einer der Vorgänger des europäischen Qualitätspreises
European Foundation for Quality Management (= EFQM)	Stiftung europäischer Unternehmen mit dem Ziel, Qualitätsmanagement in den Unternehmen zu verstärken
European Quality Award (= EQA)	Europäischer Qualitätspreis, vergeben von EFQM
Geschäftsprozeßmanagement (= GPM)	Methode zur Steuerung und Optimierung der Geschäftsprozesse eines Unternehmens, Bestandteil des Inhaltes von TQM
Kaizen	Japanische Methode der kontinuierlichen Verbesserung
KMU	Kleine und mittlere Unternehmen
Kunden-/Lieferantenprinzip	Bestandteil des Geschäftsprozeßmanagements, Erweiterung des Kundenbegriffes nach intern
Ludwig-Erhard-Preis	Deutscher Qualitätspreis, der auf dem EFQM-Modell basiert, wurde 1997 erstmalig vergeben
Malcolm Baldrige National Quality Award (= MBNQA)	US-amerikanischer Qualitätspreis, benannt nach einem ehemaligen US-Handelsminister
Qualitätszirkel	Gruppe von Mitarbeitern, die neben ihren eigentlichen Aufgaben in der Gruppe an der Lösung bestimmter Probleme arbeiten, eine Methode des Qualitätsmanagements
Self-assessment	Selbstbewertung zur Ermittlung des Qualitätsstatus in bezug auf TQM
Site Visit	Besuch durch ein Assessorenteam in einem Unternehmen im Rahmen der Bewerbung um einen Qualitätspreis

20 Literatur

E. Pfitzinger,	Geschäftsprozeß-Management – Steuerung und Optimierung von Geschäftsprozessen, Beuth Verlag, Berlin 1997
DIN EN ISO 9000-1,	Leitfaden zur Auswahl und Anwendung, Ausgabe August 1994
DIN EN ISO 9001,	Modell zur Qualitätssicherung/QM-Darlegung in Design, Entwicklung, Produktion, Montage und Wartung, Ausgabe August 1994
DIN EN ISO 9004-1,	Qualitätsmanagement und Elemente eines Qualitätsmanagementsystems, Ausgabe August 1994
DIN EN ISO 9004-4,	Guidelines for quality improvement, Ausgabe 1993-06-15
Mark Graham Brown,	How to interpret the Malcolm Baldrige Award Criteria, ASQC Quality Press, Milwaukee, Wisconsin
European Foundation for Quality Management,	Selbstbewertung 1997, Richtlinien für Unternehmen, Brüssel 1996
K. Graebig,	Qualitätsmanagement und Statistik, Umweltmanagement – Anwendungshilfen und Normensammlungen, Loseblattwerk, Beuth Verlag, Berlin 1998
ISO 9000 for Small Business,	What to do, Advices from ISO/TC 176 1997, Beuth Verlag, Berlin

Weiterführende Literatur

DIN-Taschenbuch 223	„Qualitätsmanagement und Statistik; Begriffe. Normen"
DIN-Taschenbuch 224	„Qualitätssicherung und angewandte Statistik; Verfahren 1. Normen"
DIN-Taschenbuch 225	„Qualitätsmanagement und Statistik; Verfahren 2. Probenahme und Annahmestichprobenprüfung. Normen"
DIN-Taschenbuch 226	„Qualitätsmanagement und Statistik; Verfahren 3. Qualitätsmanagementsysteme. Normen"